慰安婦報道「捏造」の真実

検証・植村裁判

植村裁判取材チーム❖編

花伝社

植村裁判取材チームは、東京と札幌の裁判を取材し続けている新聞記者、ジャーナリスト、大学教員らから成っています。本書の執筆にあたっては、正義と真実を希求するジャーナリズム精神に立ち、事実に基づいた公正で正確な報道をめざしました。

敬称はすべて省略させていただきました。数字は洋数字、年号は西暦としました。ただし、裁判所の調書、判決要旨の収録と、文献資料の引用は、原文通りを基本としました。

慰安婦報道「捏造」の真実——検証・植村裁判◆目次

1　問われる「慰安婦報道」とジャーナリズム
――植村裁判を検証する目的と意義

北野隆一

本書では、元朝日新聞記者の植村隆がジャーナリストの櫻井よしこと元東京基督教大学教授の西岡力や出版社を相手取り提訴した名誉毀損訴訟と、そこで俎上にあげられた慰安婦問題をめぐる報道のあり方を検証する。

この訴訟は、慰安婦の証言を伝えるため植村が１９９１年に朝日新聞に掲載した署名記事を、櫻井と西岡に「捏造」と非難されたことによって名誉が傷つけられたとして、２０１５年に提訴された。札幌地裁の被告は櫻井と、櫻井の文章を掲載した新潮社など出版社３社。18年11月９日に判決が言い渡され、原告・植村の請求が棄却された。また東京地裁では西岡と、西岡のコメントを掲載した文藝春秋が被告となっている。18年11月28日に審理が終わり、19年春にも判決が出る見通しだ。

保守・右派論者による「河野談話」見直し主張と朝日新聞批判

慰安婦問題とは、戦時中に日本軍が女性を慰安婦として将兵の性の相手をさせた問題であり、日本に対する戦後補償や女性の人権の問題でもある。ところが日本国内では、「強制連行」の有無をめぐる論争など、政治外交上の「歴史認識」問題としての側面が強調され、今日に至っている。

元慰安婦の女性らが日本に謝罪や補償を求めるきっかけは、１９９１年８月、金学順（キム・ハクスン）

が韓国在住の元慰安婦として初めて名乗り出たことだった。日本政府が90年に「民間業者が連れ歩いたもの」と答弁し、政府や軍の関与を否定したことに対する憤りが、背景にあったという。

植村は金が名乗り出た当時の報道にかかわった。とくに91年8月11日に朝日新聞大阪本社版に掲載された記事は、金の証言を匿名ながら、いち早く伝えるものだった。

93年8月4日、日本政府は「慰安婦関係調査結果に関する河野内閣官房長官談話」（河野談話）を発表した。慰安所の設置、管理、慰安婦の移送に旧日本軍が関与したことを認め、慰安婦の募集や移送、管理については「総じて本人たちの意思に反して行われた」と述べ、「心からのお詫びと反省」を表明した。

これに対して保守・右派の論者たちは、「慰安婦に対する強制連行はなかった」として「日本政府に責任はない」と主張。軍の関与や強制性を認めておわびした河野談話の見直しを求め、90年代に日本政府が国内外に示した過去に対する反省の姿勢を否定。その一環として、朝日新聞の慰安婦報道をやり玉にあげてきた。

とくに西岡は92年以降、植村の記事を「重大な事実誤認」、98年からは「捏造」と非難。櫻井も同様に「捏造」と断定してきた。

法廷で重要な焦点となった「ファクトチェック」

今回の裁判では、植村が１９９１年に金学順の証言について書いた朝日新聞記事に加えて、２０１４年に櫻井と西岡が植村の記事を「捏造」と非難した論文やコラムについても、記述が事実にもとづくかどうかの証明、つまり「ファクトチェック」が重要な焦点となった。

慰安婦問題をはじめとする歴史認識の問題では、立場による見解の対立が著しい。何が事実で何が誤りかを決することにも困難が伴う中、今回の裁判で特筆すべきなのは、櫻井、西岡がそれぞれの被告本人尋問で、原告側の指摘を受けて自らの記述の誤りを認めざるを得なくなったことだ。櫻井は訂正記事も出した。

18年11月9日の札幌地裁の判決でも、櫻井の論文に「原告（植村）の社会的評価を低下させる」、つまり名誉を傷つけた部分があることは認めた。同時に、問題とされた記述の多くについて「真実であると（櫻井が）信ずるについて相当の理由がある」、つまり「真実相当性」が認められるとして、法的責任を否定。原告の請求を棄却した。

その一方、判決が櫻井の論文の誤りを認定した部分もある。とくに櫻井が植村を批判してきた論拠である「金学順が継父によって人身売買され慰安婦にさせられた」という主張については、「真実と認めることは困難である」と判示した。ただし判決は他の記事や論文などをひいて「櫻井がこれらの資料にもとづいて上記のとおり信じたことについて相当の理由がある」とも述べ、櫻井の誤りを免責した。

原告側弁護団事務局長の小野寺信勝弁護士は判決後の記者会見で「十分な取材を尽くさないまま、単純に信じてしまったからと免責した、罪の重い判決。言論に責任を負うべきジャーナリストに対し、ずさんな取材によって人の名誉を毀損しても免責される道を作ってしまった」と批判している。

民主社会にとって、主権者である人々が正しい判断をするためには、正確な情報を提供し問題提起する健全なジャーナリズムの存在が欠かせない。社会の分断を克服するためにも、対立する立場の違いを乗り越えて、認識を共有する土台となる正確な事実を伝える報道が求められる。一連の裁判は、ジャーナリズムのあるべき姿を問うものにもなっている。

本書ではまず、なぜ植村の記事が櫻井や西岡らの標的にされたのか、その理由を考える。続いて今回の裁判の被告本人尋問と証拠によって、植村の記事を「捏造」と非難する2人の論考には、事実にもとづかない重大な誤りがあることが判明した過程とその内容を示す。さらに本人尋問で法廷内で繰り広げられたやりとりを、そのまま再現する。最後に札幌地裁の判決を検証する。

2 個人攻撃の標的にされた「小さなスクープ」

――報道の歴史に特筆すべき「植村記事」の大きな価値

水野孝昭

「東京版に小さい、もっと小さい記事が出たんです。初めて慰安婦の人が名乗り出たねということなんですね。初めて本当にこういう人がいたんだということが、西岡さんもそうですし、現代コリア研究所のほうでもそうですし、評判になりました。」

人気ニュースキャスターは、よほど強い印象を受けたのだろう。櫻井よしこが2018年3月23日に、札幌地裁で行った証言である。1991年8月に韓国で名乗り出た金学順について植村隆が書いた記事を、最初に読んだ時の感想を述べたのだ。より詳しい内容の大阪本社版までわざわざ取り寄せた、という。「西岡さん」とは、現代コリア研究所にいた西岡力を指す。東京訴訟の被告である。

「もっと詳しい記事が大阪のほうの朝日に出ているらしいということをみんなが言い始めまして、(中略)私もこの東京版を読んだ後に、もっと詳しいものがあるんだということで大阪版のコピーをもらって読みました」

この証言には驚いた。これが事実なら、ジャーナリストとしての櫻井はもちろん、その師匠である西岡も慰安婦問題研究者としての見識を疑われるだろう。慰安婦問題については、この記事のずっと前から報道されていた事実を二人がまったく知らなかったか、その意味に気づいていなかったことを告白したことになるからだ。

「慰安婦報道＝吉田清治証言＝植村捏造記事」という思い込み

植村が91年8月に記事にしたのは、「初めて名乗り出た元慰安婦」ではない。「初めて名乗り出た韓国人元慰安婦」ですらない。金学順は「韓国の国内で、初めて名乗り出た元慰安婦」だった。植村は、その肉声を録音したテープを紹介する形で、いち早く読者に伝えたのだ。

それ以前にも、慰安婦の境遇を報じた記事はあった。テレビ番組やラジオ放送、映画もあった。櫻井がキャスターをしていた日本テレビも、「桜井良子」のニュース「NNNきょうの出来事」に続いて、「女子挺身隊という名の韓国人従軍慰安婦」という番組を「11PM」で放送していた（82年3月1日）。

右派メディアを通じた二人のキャンペーンによって、「慰安婦報道＝吉田清治証言＝植村捏造記事」という思い込みが、多くの人にすりこまれてしまった。

しかし植村は、朝日新聞が取り消した吉田清治に関する記事は1本も書いていない。それどころか、吉田清治には会ったこともない。

櫻井と西岡は、植村記事を「世界的なスクープ」、「韓国をはじめとする国際世論に重大な影響を与えた」と言い張る。だが、彼の記事は、東京本社では翌日回しにされたうえ、韓国にも転電されていない。国際的にはまったく注目されていなかった。

二人はなぜ植村記事の影響力を誇張するのだろうか？　西岡による名指し攻撃が始まった92年、植村は大阪社会部の若手記者だった。その後、外報部（現国際報道部）で特派員を経験したが、専門記者として慰安婦問題に取り組んだことはない。記者として書いた慰安婦の記事は、問題にされた2本を含めても、元ソウル特派員としては少ない方ではないだろうか。

それなのになぜ、ここまで「標的」にするのだろうか？　二人の狙いは、「強制連行された慰安婦」というのは朝日新聞が創りだした虚像にすぎない、という印象を世論に刷り込むことにある。「その虚像を裏付けるために植村が記事を『捏造』した」というのが彼らの図式である。植村が「意図的にウソを書いた」ことが、韓国をはじめとする国際世論に影響して日本政府への批判が強まり、日本の「国益」が損なわれた、と飛躍した結論に導くのが彼らの目的なのだ。

二人にとっては、植村の記事は「世界的なスクープ」でなければならない。さもなければ、この強引な「陰謀論」が崩れてしまうからだ。

この章では、櫻井、西岡が標的にしてきた91年8月の記事が、本当に慰安婦問題について国際的に認識を変えるような意味をもったのか、その以前やその前後では、慰安婦はどう報じられていたのか、を前後の記事や報道と比較して検証する。

1970年代からあった「慰安婦」報道と関連記事

まず、91年8月に金学順が名乗り出るまでの慰安婦をめぐる報道を確認したい。

戦後の早い時期に「韓国人慰安婦」をニュースとして流したのは、共同通信とみられる。75年10月22日付で、「沖縄在住の朝鮮人慰安婦　戦時中、沖縄に連行の韓国女性　30年ぶり『自由』を手に　不幸な過去を考慮　法務省特別在留を許可」という見出しである。高知新聞などに掲載された。

「太平洋戦争末期に、沖縄へ『慰安婦』として連行され、終戦後は不法在留者の形でヒッソリと身を潜めるように暮らしてきた朝鮮出身の年老いた女性が、このほど那覇入国管理事務所の特別な配慮で三十年ぶりに『自由』を手にした。当時は『日本人』でも、いまは外国人。旅券もビザもないため、強制送還の対象となるところだったが『不幸な過去』が考慮され、韓国政府の了解を得たうえ、法務省はこのほど特別在留許可を与えた。（中略）沖縄戦へ強制連行された朝鮮人の証言が、直接得られたのは初めてだ」

この記事は、「慰安婦」というより、「沖縄戦へ強制連行された朝鮮人」の初めての証言という点を強調している。まだ戦時中の朝鮮人の徴用の実態が明らかになっていない時期だったから、こうした意義づけになったのだろう。

この記事で、沖縄戦に生き残った元慰安婦の裵奉奇（ペ・ポンギ）の存在が初めて注目されて、単行本やドキュメンタリーになった。サトウキビ畑の中の掘っ立て小屋に十年も通い続けた川田文子は、その聞き書きをまとめて『赤瓦の家』（筑摩書房）を87年に出版した。映像の記録が山谷哲夫のドキュメンタリー『沖縄のハルモニ』（79年5月公開）だ。

このドキュメンタリーを、朝日新聞は79年5月12日付夕刊で、「春遠く…沖縄のハルモニ」と紹介している。「従軍慰安婦の涙　朝鮮女性の悲惨さ追う　貧困への怒り込め記録映画に」と題した山谷の論考も、9月7日付夕刊文化面に掲載された。

当時は耳慣れない言葉だった「従軍慰安婦」について、山谷はこう説明している。

「日本軍の上層部が、軍隊専用の売春婦を集め、それを管理した。目的はあくまで兵士たちの強姦防止と性病の予防であった」「軍が管理売春させていた女たちは、従軍慰安婦と呼ばれ、そのほとんどが朝鮮人だった」

映画のナレーションは、「戦時中の挺身隊には2つの種類があった。日本の工場で働かされた挺身隊と、慰安婦にされた挺身隊である」と述べている。植村裁判でカギとなっている「挺身隊」という言葉について、当時の韓国でどう使われていたのかを確認できる貴重な証拠である。

アジアに取り残された慰安婦を報じたのは、朝日新聞アジア総局員だった松井やよりである。84年11月2日付夕刊で、「私は元従軍慰安婦、韓国婦人の生きた道／邦人巡査が強制連行、21歳、故国引き離される」という見出しで、戦時中に日本軍にタイに連行されて置き去りにされた元慰安婦、盧寿福（ノ・スボク）の境遇を書いている。84年3月に韓国の中央日報に掲載された連載記事「私は女子挺身隊」が取材のきっかけだった。

88年8月18日の朝日新聞「ひと」欄でも、来日した韓国の梨花女子大の尹貞玉教授を紹介している。元慰安婦の足跡を各地にたどった尹は、タイ在住の盧からも聞き取りを行った。尹が90年1月にハンギョレ新聞で連載した「挺身隊『怨念の足跡』取材記」が韓国で反響を呼んで、その年11月に韓国挺身隊問題対策協議会（挺対協）が結成されることになった。

「植村記事」の直前にもあった「挺身隊の名で」という表現

では、日本の主要紙が「慰安婦」を継続的に報じるようになったのはいつからなのだろうか？

手掛かりとなるのが新聞縮刷版である。縮刷版は索引をつけて、毎月の膨大な記事を政治、経済、社会など分野ごとに項目で整理している。慰安婦についての記事が掲載されても、項目が立ってなければ、「戦争関係」「強制連行」など他の項目に含まれることになる。慰安婦の記事が何本も継続的に掲載されると、索引に項目として立てるようになるのだ。だから、縮刷版の記事索引に「項目が立つ」ということは、そのテーマを新聞が認知したという指標になるといえるだろう。

『朝日新聞縮刷版』で「従軍慰安婦」が検索項目になるのは91年7月号、植村が金学順の記事を書く前月で、次の記事が並んでいる。

▽7月18日付夕刊　「朝鮮人従軍慰安婦問題に光を／日韓で女性団体、補償など要求」（第2社会面）

▽同　「水くみの途中に連行、戦況悪化で兵隊凶暴に　元慰安婦証言」（同）

▽7月31日付朝刊　「朝鮮人慰安婦問題　南北共同で補償要求　シンポで合意」（同）

最初の記事は、慰安婦問題に取り組む日韓のさまざまな運動を報じている。「朝鮮人従軍慰安婦問題」と横見出しを掲げて、慰安婦報道に本腰をいれて取り組むという意気込みを感じさせる。2本目はその関連で、タイ在住の元「慰安婦」の証言を紹介している。3本目は〔ソウル29日〕のクレジットつきの特派員電で、挺対協の尹代表が、「南北共同で日本政府に対し、朝鮮人慰安婦の補償を要求することで合意したことを明らかにした」と報じている。冷戦終結を受けて、日朝間でも国交正常化交渉が始まった時期だったので、南北が慰安婦問題で共同歩調をとることはニュースだった。

注目されるのは、この7月の各記事と、翌8月11日付の植村の記事は、書き出しがほぼ同一であることだ。櫻井や西岡は、この植村記事の書き出しの表現を「捏造」と決めつける論拠の一つにしている。

だが、日付ごとに記事を読み進んでいくと、前に掲載された記事の書き出しを参考にして植村が記事を書いたことは、一目瞭然だ。

「日中戦争から太平洋戦争のさなか、朝鮮の女性たちが『女子挺身（ていしん）隊』の名で日本軍の従軍慰安婦として各地の戦場に送られた」（7月18日）

「日中戦争や太平洋戦争で、『女子挺身（ていしん）隊』の名で戦地に送られた朝鮮人女性の実態を」（7月31日）

「日中戦争や太平洋戦争の際、『女子挺身（ていしん）隊』の名で戦場に連行され、日本軍人相手に売春行為を強いられた『朝鮮人従軍慰安婦』のうち」（8月11日、植村）

つまり、「女子挺身隊」の名で、という表現は、当時まだ定着していなかった「従軍慰安婦」という用語を読者に説明するために、植村に限らず、どの記者も使っていたのだ。他紙も同様である。

ソウル発の「スクープ」を、特派員ではなく大阪社会部員だった植村が書いたことも「疑惑」と指摘されたが、以下の当事者の説明を読めば氷解するはずだ。

7月31日の記事を書いた当時のソウル支局長が取材の際、尹から「元慰安婦が名乗り出てきている」と聞いた。支局に戻ったところ大阪の植村から電話がかかってきたので、「元慰安婦が語り始めたらしい。取材に来たらどうかね」と誘った、というのが実情である。ソウル支局長はこの経緯を陳述書にして東京地裁に提出している。

韓国留学経験を持つ植村は、前年の夏も「平和企画」で元慰安婦を取材しようと訪韓。2週間にわたって韓国各地を探しまわったが、見つけることができずに終わっていた。支局長はその経緯を知っていたから、この機会に再取材するよう誘ったのだ。

ソウルに飛んできた植村に対して、尹は取材に条件をつけた。韓国社会の元慰安婦に対する視線は厳しい。本人のプライバシーを保護するため、「名前も発表せず、直接に会わない」という約束である。植村は本人のインタビューを諦め、代わりに、挺対協が録音した匿名の証言テープを聴かせてもらった。それを紹介したのが「思い出すと今も涙／元朝鮮人従軍慰安婦　戦後半世紀　重い口開く／韓国の団体聞き取り」という記事で、大阪本社版の社会面トップになった（91年8月11日付）。

櫻井が衝撃を受けたという東京本社の記事は、1日遅れの12日付になっている。大阪版に比べて半分にカットされて、写真もない。「女子挺身隊の名で」という表現も、東京の記事にはない。

新聞協会賞の選考対象になったのは北海道新聞の記事だった

なぜ東京では、こうした地味な扱いになったのだろうか?

植村記事が大阪で掲載された日に、東京本社は「日本政府に賠償請求へ　朝鮮人BC級戦犯と遺族　近く提訴」を社会面トップにしている。同じようなテーマなので、大阪発の記事よりも「こちらを先に」と東京のデスクは考えたのだろう。新聞社ではよくあることだ。

植村の「特ダネ」は在京の韓国特派員にも注目されることなく、韓国に転電されることもなかった。つまり、植村記事が掲載された後も、元慰安婦が名乗り出ていたことを、韓国では関係者しか知らないままだったのだ。

ところが「週刊文春」は次のように、櫻井・西岡の描いた図式＝「植村記事がきっかけで韓国世論が沸騰」を事実として断定している。

《この記事をきっかけに韓国世論が沸騰し、日本政府は河野談話を発表。強制連行を認めたとの印象を世界中に与える事態を招いてしまった》（14年8月14・21日号、「慰安婦火付け役　朝日新聞記者はお嬢様大クビで北の大地へ」）

何を根拠にしているのだろうか？

植村は、金学順本人を最初に取材したわけでもない。金に単独インタビューしたのは、北海道新聞ソウル特派員の喜多義憲だった。植村がテープを聴いた3日後の8月14日のことだ。喜多は「太平洋戦争開戦50年」企画として慰安婦問題を取り上げようと、挺対協の尹に連絡した。尹は植村には認めなかった金学順本人への取材を、喜多には認めた。実名や素顔をさらす覚悟ができた、ということだったのだろうか。

金学順はインタビューの冒頭、喜多に漏らした。

「私が挺身隊であったことをウリナラ（わが国）ではなく日本の言論に最初に話すことになるとは思いもしなかった」

「日本政府は責任を／韓国の元慰安婦が名乗り」「わけわからぬまま徴用、死ぬほどの毎日、賠償請求も」という喜多の記事は、金の実名と写真つきで8月15日の同紙社会面トップを飾った。

喜多の独占インタビューは92年度の新聞協会賞の選考対象になった。受賞は逃したが、「粘り強い説得で生々しい体験談を引き出した特派員の使命感と努力を評価したい。日本の戦争責任をあらためて問い、政府の対応にも変化をもたらし従軍慰安婦報道の契機となったことは意義深い」と、選考委員会から高く評価されている（「新聞研究」92年10月号）。

日本の報道機関が集まる日本新聞協会が「政府の対応にも変化をもたらし従軍慰安婦報道の契機となっ

た」と認定したのは、朝日新聞の植村の記事ではなくて、北海道新聞の喜多の記事だった。

一方、植村の記事は、自社の重要記事を選んで収録した『朝日新聞の重要紙面1991年』にも載っていない。

ジャーナリストを自称する櫻井は、こうした事実を調べなかったのだろうか？　名乗り出た元慰安婦に関心を寄せていたなら、どうして縮刷版や北海道新聞の記事も取り寄せなかったのだろうか？

西岡は、植村記事と同じように「女子挺身隊の美名のもとに」と書いている喜多の記事については、「捏造」批判していない。その理由を、こう法廷で述べている。

「北海道新聞は女子挺身隊の名で凌辱されたというふうに書いてあって、連行されたというふうには書いていません」

ところが、喜多の記事の「従軍慰安婦」のメモは「旧日本軍直轄の管理売春制度によって戦場に連れて行かれ、兵士を相手に強制売春をさせられた女性」と説明している。「連行」と同様の表現を使っているではないか。

韓国紙「ハンギョレ」の会見記事を悪用した櫻井と西岡

金学順は8月14日、喜多との単独会見の直後に、韓国メディア向けに共同記者会見も開いた。涙で訴える金の姿が、韓国の人々に初めて伝わったのはこの時である。

それまでも韓国メディアは、外国にいる「慰安婦」の存在は報じていた。しかし、足元のソウルでひっそり暮らしていた女性が、自らの顔と名前をさらして名乗り出たことは、大きな衝撃だったのだ。
▽「挺身隊慰安婦として苦痛を受けた私」（東亜日報）
▽「私は挺身隊だった」（中央日報）

▽「挺身隊の生き証人として堂々と」（韓国日報）
▽「戦線のおもちゃ、踏みにじられた17歳／挺身隊として連行された金学順ハルモニ　涙の暴露」（京郷新聞）

大きな見出しが並んだ。各紙とも「挺身隊」を使っている。

一紙だけ「挺身隊」という言葉を使わなかったのがハンギョレである。

▽「従軍慰安婦の惨状知らせたい／国内居住者中　初の過去暴露　金学順氏」「いつか明らかにしなければならない歴史的事実／いまだ日章旗見ると怒りこみあげる」（西岡力訳）

この記事だけは「従軍慰安婦」と使っている。

なぜハンギョレだけは、「挺身隊」と使わなかったのだろうか？

植村弁護団が16年に韓国で行った聞き取り調査に同行して、記事を書いたキム・ミギョン元記者に事情を聴いた。梨花女子大大学院で女性学を専攻した経歴で、当時は女性部記者だった。

「会見で金さんは自分の経歴を示す言葉として『挺身隊』と言いました。当時の韓国では、いわゆる従軍慰安婦を示す用語として『挺身隊』が使われており、金さんも当然、『挺身隊』と言いました。ただ私の記事では『慰安婦』と書きました」

「私は女性学を専攻したので、『挺身隊』と『慰安婦』が違うことを知っていました。『日本軍性奴隷』の意味を明らかにするためには、『挺身隊』の代わりに『従軍慰安婦』を使うべきだ、と考えて、そのように意図的に変えて書いたのです」

櫻井と西岡が、植村記事を「捏造」ときめつけた証拠の一つに使ってきたのが、このキム・ミギョンの記事だ。西岡が全訳した記事の末尾には、（金ミギョン記者）と署名もついている。

しかし、二人は、「日本軍性奴隷の意味を明らかにする」というキム記者の本来の意図とはまったく逆に、「金学順は記者会見で『挺身隊』とは言わなかった」という自分たちのウソの論拠として利用してきたのだ。

「思想的偏見による言いがかり」

櫻井は、自分のコラムでこう断定している。

《（金学順さんは）私の知る限り、一度も、自分は挺身隊だったとは語っていない》《彼女は植村氏にだけ挺身隊だったと言ったのか。しかし、他の多くの場面では彼女は一度も挺身隊と言っていないことから考えて、この可能性は非常に低いと思わざるを得ない》（「週刊ダイヤモンド」14年10月18日号）

札幌地裁での18年3月の本人尋問でも、植村弁護団の川上有弁護士の追及にこう答えている。

川上「8月14日の共同記者会見で、金学順さんは、韓国におけるチョンシンデ（挺身隊の韓国語の発音）という発言を自らについてしたという認識ですか、していないという認識ですか？」

櫻井「ここではしていませんね」

川上「してないですね」

櫻井「はい」

川上「チョンシンデ（挺身隊）と言っていない、それが櫻井さんの認識ですね」

櫻井「今改めて認識を強くいたしました」

しかし、この直後に他紙の記事を次々に突きつけられた櫻井は動揺して、しどろもどろになっていく。

ハンギョレの記事を書いたキム・ミギョンは東京訴訟の陳述書で、櫻井と西岡についてこう述べている。

「西岡力氏は（中略）金学順さんが人身売買されたと主張するために私の記事を悪用している事実を知って、たいへん怒りを覚えました」

「櫻井よしこさんという日本人が私に接触してきて当時の状況を確認したとかいうことは一切ありません」

東京訴訟では弁護団がキムを証人申請したが、原克也裁判長は認めなかった。陳述書が提出されているから本人の証言までは必要ない、という判断だったのかもしれない。だが、金学順をはじめ韓国人元慰安婦の請求をすべて退けてきたのが、日本の裁判所である。彼らが相次いで世を去っていく中、「歴史の証言」を再確認するためにも、キムには証言してもらうべきではないだろうか。

植村裁判は、記者一人の名誉回復を目指しているのではない。植村がその声を伝えようとした元慰安婦、金学順の名誉回復もかかっている裁判だ。裁判所はぜひ熟考してもらいたい。

以上の検証から、91年8月の植村記事の慰安婦報道における位置づけは明確になった。

それは、韓国で名乗り出た元慰安婦の訴えをいち早く伝えた点で、立派な「スクープ」だった。しかし、匿名の録音テープという二次情報に基づく記事であったため、4日後でも本人に直接インタビューした喜多の記事の方が、当時は「歴史的スクープ」として評価されていた。

その喜多が今回、札幌の法廷に提出した陳述書を引用して、本稿の結論に代えたい。

「植村隆氏も、私も、従軍慰安婦問題の斥候（偵察兵）たらんとしました。戦時の日本が朝鮮半島で犯した罪のひとつであるが、その実態がほとんど解明されていなかった問題。その端緒として当事者の明確な証言を得ようとしました」

「1991年当時の取材の成果をこんにちの尺度で俎上に乗せ、あれが足りない、これがあやふやであると批評することはたやすいことです」

「以上を踏まえた上で、私は、『従軍慰安婦問題』の当時の学問的研究水準を度外視した上での絶対的評価として、記事を『捏造した』とか『事実を故意にねじまげた』などと断じるのは、思想的バイアス（偏見）のかかった言いがかりに過ぎないと考えます」

3 櫻井よしこが世界に広げた「虚構」は崩れた

――「慰安婦＝強制連行ではない」というストーリーの崩壊

佐藤和雄

前章までに見たように、慰安婦問題否定派の旗頭となってきた櫻井と西岡は、1991年8月、12月の植村記事が、同時期における日本、韓国の新聞報道の内容、表現においてほとんど差がないにもかかわらず、「捏造」「捏造記事」であることを新聞、雑誌、テレビ、インターネットの各メディアで著述し、発言し続け、1990年代からの日本社会で定着を試みようとしてきた。

植村記事のポイントは、〈金学順が韓国内に定住している日本軍慰安婦サバイバーとして初めて名乗りでて、その被害を明らかにした〉というものである。一方、櫻井と西岡の金学順に関する主張を一言で要約するならば、〈金学順は、日本軍の強制連行による被害者ではなく、人身売買による公娼である〉となる。人身売買による公娼として強制連行が否定されれば、日本政府が非難される理由はない、というのが彼らの論法である。

本章では、札幌地裁での名誉毀損訴訟で対象となった櫻井の著述と発言をとりあげ、櫻井が繰り返してきた〈金学順は、強制連行ではない〉という主張が事実に基づくものかどうかを、法廷での櫻井の陳述もまじえ検証していく。

その結論をここで先に明らかにすれば、本章の表題にある通り、櫻井の言説は事実に基づかない「虚構」である。その「虚構」は何のために、どのように組み立てられたのかも、同時に明らかにしてみたい。

金学順の訴状に関する櫻井のウソ

産経新聞は２０１４年4月から通年企画「歴史戦」を始めた。「歴史戦」という命名と企画の位置付けについて、取材班キャップである有元隆志・政治部長は、同年10月に産経新聞社から刊行された『歴史戦　朝日新聞が世界にまいた「慰安婦」の嘘を討つ』の「まえがき」で、以下のように説明する。

「『歴史戦』と名付けたのは、慰安婦問題を取り上げる勢力の中には日米同盟関係に亀裂を生じさせようとの明確な狙いがみえるからだ。もはや慰安婦問題は単なる歴史認識をめぐる見解の違いではなく『戦い』なのである」

櫻井は、産経新聞が「歴史戦」を始めた２０１４年、慰安婦問題に関する論考を次々に発表している。札幌地裁での訴訟で、植村が名誉毀損で訴えた記事の一つに、櫻井が「ＷｉＬＬ」（ワック）２０１４年4月号に書いた「朝日は日本の進路を誤らせる」がある。

櫻井は、こう記述する。

《朝日新聞が日本国民と日本国に対して犯した罪のなかで最も許しがたいものは、慰安婦問題の捏造であろう。》

《過去、現在、未来にわたって日本国と日本人の名誉を著しく傷つける彼らの宣伝はしかし、日本人による『従軍慰安婦』捏造記事がそもそもの出発点となっている。日本を怨み、憎んでいるかのような、日本人によるその捏造記事はどんなものだったのか。》

このように位置付けたうえで、１９９１年8月11日の植村記事について紹介する。さらに元慰安婦らが１９９１年12月に東京地裁に提出した訴状のうち、金学順の記述について以下のように述べている。

《訴状には、14歳のとき、継父によって40円で売られたこと、３年後、17歳のとき、再び継父によって、北支の鉄壁鎮というところに連れて行かれて慰安婦にさせられた経緯などが書かれている。

植村氏は、彼女が継父によって人身売買されたという重要な点を報じなかっただけでなく、慰安婦とは何の関係もない『女子挺身隊』と結びつけて報じた。》

しかし、現在、インターネットでも容易に検索でき、だれでも見ることができる訴状には、こうした記述は一切ない。

訴状では金学順が「慰安婦」にさせられた経緯については、こう書かれている。重要な基礎的事実であるので、少し長いがそのまま引用する。

原告金学順(以下、「金学順」という。)は、1923年中国東北地方の吉林省で生まれたが、同人誕生後、父がまもなく死亡したため、母と共に親戚のいる平壌へ戻り、普通学校にも4年生まで通った。母は家政婦などをしていたが、家が貧乏なため、金学順も普通学校を辞め、子守や手伝いなどをしていた。金泰元という人の養女となり、14歳からキーセン学校に3年間通ったが、1939年、17歳(数え)の春、「そこへ行けば金儲けができる」と説得され、金学順の同僚で一歳年上の女性(エミ子といった)と共に養父に連れられて中国へ渡った。トラックに乗って平壌駅に行き、そこから軍人しか乗っていない軍用列車に3日間乗せられた。何度も乗り換えたが、安東と北京を通ったこと、到着したところが「北支」「カッカ県」「鉄壁鎮」であるとしかわからなかった。「鉄壁鎮」へは夜ついた。小さな部落だった。養父とはそこで別れた。金学順らは中国人の家に将校に案内され、部屋に入れられ鍵を掛けられた。そのとき初めて「しまった」と思った。(以下略)

櫻井は2018年3月23日、札幌地裁で原告代理人、川上有弁護士に次のように反対尋問され、自分の記述がいくつも間違っていたことを認めざるをえなかった。

川上「で、もう一度ここで確認したいんですが、訴状には『継父によって』という記載がない、これは間違いないですね」

櫻井「はい」

川上「『40円で』という言葉も訴状には出てないことも間違いありませんね」

櫻井「はい」

川上「『売られた』という単語も入っていませんね」

櫻井「はい」

川上「あるいは、訴状には、『継父に慰安婦にさせられた』との記載もありませんね」

櫻井「はい」

川上「訴状には、『継父によって人身売買された』との記載もありませんね」

櫻井「はい」

なぜ櫻井は、訴状にない「40円で売られた」などの重要な事実を、訴状にあるかのように書いたのか。

櫻井は札幌地裁での反対尋問で、「月刊宝石」（光文社）1992年2月号での臼杵敬子による金学順のインタビュー記事にある「妓生専門学校の経営者に40円で売られ、養女として踊り、楽器などを徹底的に仕込まれたのです」という記述を読み、「出典を間違えてしまいました」と釈明した。同時に「出典を間違いましたが、事実としては間違いではなかったと思っています」とも述べた。

では、櫻井が「出典」と位置付ける「月刊宝石」の臼杵記事では、金学順は〈人身売買によって慰安婦にさせられた〉と証言しているのだろうか。札幌地裁に証拠として提出された「月刊宝石」1992年2月号の記事では、先の記述に続き、金学順はこう述べている。

ところが、17歳のとき、養父は「稼ぎにいくぞ」と、私と同僚の「エミ子」を連れて汽車に乗ったのです。着いたところは満州のどこかの駅でした。サーベルを下げた日本人将校2人と3人の部下が待っていて、やがて将校と養父との間で喧嘩が始まり、「おかしいな」と思っていると養父は将校たちに刀で脅され、土下座させられたあと、どこかに連れ去られてしまったのです。

櫻井は、この「月刊宝石」の臼杵記事について「強い印象を持ちました」「私の頭の中で、彼女が40円で売られたということを臼杵さんに言った、そのことが非常に強い印象となって自分の頭の中にあって、訴状とも取り違えていたということだと思います」と法廷で述べた。

金学順が、妓生（キーセン）学校へ通うため金泰元の養女となり、金学順の母親が40円を金泰元から受け取ったのは、数えで14歳。慰安婦にされる3年も前の話である。

櫻井は「金学順が40円で売られた」慰安婦であることを繰り返し強調する一方、慰安婦にされる直接のきっかけとなる「養父は将校たちに刀で脅され、土下座させられたあと、どこかに連れ去られてしまったのです」との証言は、無視しているのである。

金学順が明かした強制連行の場面

金学順は、どのように自由を奪われ、日本軍慰安婦にさせられたのだろうか。彼女は1991年12月の東京地裁への提訴後、1994年6月6日付けで陳述書を東京地裁に提出している。慰安婦にさせられた経緯について、訴状や「月刊宝石」の臼杵記事よりも詳しく説明しているので、当該部分をそのまま引用したい。

私は平壌の教会が運営する学校に4年ほど通いました。11歳まで学校に通ったと思います。母は家政婦やいろんな仕事をしていましたが、家が貧しかったため、私も学校をやめて子守や手伝いなどをしていました。

その後母親が再婚しました。母と二人だけで生きてきた私にとって父親という人と一緒に生活するのはとても不自由でたまりませんでした。家にいづらくなってしまいました。

私はそのような事情から家にいることが困難になり、数えで14歳、満13歳のときに金泰元という人の養女になりその家から妓生学校へ通うようになりました。その家には私より先に来ていた私より一つ年上の姉さん格の養女が一人いて、彼女と一緒に学校へ通ったのです。

学校では、踊り、パンソリ、時調（朝鮮の代表的な歌謡形式）などを熱心に学びました。妓生というのは、韓国の伝統芸能である歌や踊りを披露する誇り高いものでした。

私は3年通って学校を卒業しました。

しかし、19歳にならないと役所から妓生許可がおりないのです。私は卒業した年は17歳だったので、試験には合格したのですが、妓生としては働きませんでした。

そのころ、平壌にいると「女性は挺身隊として強制連行されてしまう」と言われており、そのまま平壌にいるとつかまってしまい、平壌では働けないので、私とおねえさんは養父に連れられて中国へ逃げよう、平壌を離れようということになりました。

1939年3月頃、平壌で汽車に乗って新義州から安東橋を渡り、山海関を渡り北京へ行きました。一週間以上かかったと思います。

北京に到着してある食堂で昼食をとり出てくるとき、日本の軍人が養父を呼び止めました。数名いた中で階級章に星二つをつけた将校が養父に「お前たちは朝鮮人じゃないのか」と聞きました。私たちは中国服を着ていなかったのでそう思ったのでしょう。その将校は、「スパイじゃないのか？　こっちへ来い。」と言って養父を連れて行きました。

おねえさんと私は別の軍人たちに連行されました。軍人は４人いたと思います。路地一つを過ぎると無蓋のトラックが一台止まっていました。その中には軍人たちが乗っていました。一台のトラックには20人くらいいました。

私とおねえさんはどこへ連れていかれるかわからず、また恐怖のあまり全く気が動転していました。養父がその後どうなったかもわからず、私たちは殺されるかもしれないと思いました。

軍人たちに「トラックに乗れ」と言われました。恐怖心と拒否感から、おねえさんと私は肩をよせあって、背中を丸め地面に座り込んでいると、「殺すぞ」と軍人に足で蹴られました。軍人は「天皇陛下の命令だ。行かなければお前を殺すぞ。」と言いました。「乗らない」と言うと両側からさっとかつぎ上げられて乗せられてしまいました。その言葉はそのまま日本語で耳に焼きつくように残っています。

金学順の詳細な証言には、養父が日本軍に彼女らを売り渡したという事実も、そう推測する根拠もない。通常の読み方をすれば、〈日本軍に因縁をつけられ、養父と若い女性二人が引き離され、女性だけが無理やりトラックに乗せられ、そのまま慰安婦にさせられた〉と理解するのが自然である。

「17歳で再び売られた」とでっち上げ

「ＷｉＬＬ」２０１４年４月号で、櫻井は「植村氏は、彼女が継父によって人身売買されたという重要な点を報じなかった」と書いた。このくだりは、その前の部分にある「14歳のとき、継父によって40円で売られたこと」を示すとも理解できるし、「再び継父によって北支の鉄壁鎮という所に連れて行かれて慰安婦にさせられた経緯」を示すとも理解できる。

いずれにせよ、法廷で櫻井が認めたように、訴状にはそうした事実の記載はない。櫻井にとっては、訴状や「月刊宝石」記事、陳述書に示された事実よりも、金学順が〈人身売買された女性である〉という印象を読者に与えることが重要だったと思われる。

櫻井のこうした思惑は、2014年8月に朝日新聞が吉田清治証言に関する一連の記事を取り消した後、朝日新聞攻撃の文脈のなかで、さらに直接的な表現によって語られていく。

例えば、「正論」（産経新聞社）2014年10月号では、「緊急座談会　廃刊せよ！　消えぬ反日報道の大罪」のなかで、産経新聞の阿比留瑠比編集委員らとの鼎談でこう述べている。

《植村氏が91年8月11日の紙面で報じた記事では女性の名前は伏せられていました。しかし、3日後の14日にソウルで彼女は「金学順」という実名を出して記者会見に臨んでいます。そこで彼女は「私は40円で親から売られた」「3年後の17歳の時に義父から売られた」と明かしています。》

また、書籍では2015年2月、悟空出版から刊行された『日本人に生まれて良かった』の「武士道と正反対の朝日新聞の報道姿勢」という項目の中で、こう書いている。

《しかも植村氏が報じた「ソウル市内に生存」していたとされる元慰安婦の金学順さんは、記事が出た三日後、記者会見でこう語りました。

「生活苦のために一四歳で母親にキーセンの検番に40円で売られた。三年後、17歳で検番の義父に、また売られ、日本の軍隊のある所に行った」》

札幌地裁では、櫻井の2014年当時のテレビでの発言記録も証拠として提出された。

《91年の8月14日にですね、ソウルで記者会見したんです。私の名前はきんがくじゅんです、とちゃんと実名を名乗って。しかも彼女は、14歳で親に売られてキーセンにいきました、と。17歳でもう一回売られましたと。値段は40円でしたということを、ちゃんとこう言っているわけですよね》（BSフジ「プライムニュース」2014年8月5日放送）

《17歳の時にまたキーセンの置屋のお父さんにまた売られましたと言っているんですね》（読売テレビ「たかじんのそこまで言って委員会」2014年9月21日放送）

櫻井がこのように紹介する金学順の記者会見の発言の中で、最も重要なのは、日本軍の慰安婦になる直接のきっかけとなる「17歳で検番の義父にまた売られた」という部分である。

もし、金学順が本当にこう述べていれば、西岡力が主張してきたように、彼女は日本軍による強制連行ではなく、人身売買の被害者となる。

櫻井は、今回の裁判で取材の経緯などを詳しく述べた陳述書を2017年11月10日付けで札幌地裁に提出している。そこでは金学順の1991年8月14日の記者会見について、「これを報じたハンギョレ新聞等を確認したところ、同氏は記者会見において、家が貧しかったため実の親にキーセンに売られ、検番の養父に騙されて慰安所に連れて行かれたと述べていました」と説明している。

櫻井が確認したという韓国の1991年8月15日付けハンギョレ新聞には、次のような金学順の重要な発言が書かれている。

「私を連れて行った義父も当時、日本軍人に金ももらえず武力で私をそのまま奪われたようでした。その後、5ヶ月の生活はほとんど毎日、4～5名の日本軍人を相手にすることが全部でした」

ハンギョレ新聞記事でも、金学順が「再び売られた」という事実は記されていない。

櫻井は反対尋問で川上弁護士から「養父に売られたのは事実なんだ、このように何度もお話になっておれますね」と問われ、こう答えた。

「この検番で育てた女性たちを、検番の養父は三日三晩かけて中国に連れていって、日本軍の部隊の前で引き返しているわけですね。ここにある種の商行為があったのではないかと、常識に基づいて考えたところから、そのように言ったと思います」

櫻井が金学順の発言を確認したというハンギョレ新聞には、金学順の発言として「日本軍人に金ももらえず武力で私をそのまま奪われたようでした」とある。この発言のどこから「常識に基づいて考え」て、「ある種の商行為があった」という推測が導きだせるのだろうか。

つまり櫻井はその事実も、そう推測する根拠もハンギョレ新聞には一切ないにもかかわらず、〈金学順が「17歳でまた売られた」と言っている〉という虚偽を繰り返してきたと結論せざるをえない。

櫻井が書いたり、述べたりしてきた金学順の記者会見発言の引用は、「間違いました」で済む話ではない。本人が語ってもいない重要な事実をでっちあげ、慰安婦にさせられた経過を大きく歪めて伝えたのだから、櫻井の基準に従えばこれこそが「捏造」ではないだろうか。

ちなみに櫻井が提出した陳述書には、金学順の記者会見を伝えたハンギョレ新聞等については「検番の養父に騙されて慰安所に連れて行かれたと述べていました」。また、金学順の訴状についても「養父に騙されて慰安婦とされた経緯が記載されていました」と述べられている。

しかし、先のハンギョレ新聞の記事にも訴状にも「養父に騙された」との記述はない。

「さて、訴状に養父に騙されたとの記載はありますか」

反対尋問で川上弁護士にこう問われ、櫻井は「養父に騙されたという記載は、ここにはありません」と述べるしかなかった。さらに「同じように、養父に騙されて慰安婦とされたとの記載はありますか」と問われると、「直接的にそのような記載はありませんけれども、ここに書かれている文章の意味には、そのような、騙されたというのがあります」と答えた。

ハンギョレ新聞や訴状を通常の読み方で読むならば、とても「騙された」と理解することはできない。櫻井にとってそう読むことが可能なのは、自分の中で〈金学順が17歳で養父に再び売られた〉という虚偽のストーリーをつくりあげているからにほかならない。

「自分は挺身隊だったとは語っていない」というウソ

櫻井は「植村氏は、彼女が継父によって人身売買されたという重要な点を報じなかっただけでなく、慰安婦とは何の関係もない『女子挺身隊』と結びつけて報じた」（「WiLL」2014年4月号）と述べ、植村の記事を「捏造」と批判してきた。その根拠の一つが、櫻井がつくりあげた虚偽のストーリーである〈17歳で養父に再び売られた〉ことだった。

もう一つ、補強する根拠として述べていたのが、〈金学順は、自分を「挺身隊」と語ったことはない〉という事実だ。

植村が名誉毀損で訴えた記事の一つ、「週刊ダイヤモンド」2014年10月18日号の櫻井によるコラム「言論弾圧の脅迫には強く抗議　でも許されない朝日と元記者の責任逃れ」では、次のように書いている。

《一方、金氏はその後もいろいろな機会に発言した。その中で、私の知る限り、一度も、自分は挺身隊だったとは語っていない。従って、なぜ植村氏が挺身隊の名の下で彼女が連行されたと書いたのかと、疑問を抱くのは当然である。彼女は植村氏にだけ挺身隊だったと言ったのか。しかし、他の多くの場面で彼女は一度も挺身隊だと言っていないことから考えて、この可能性は非常に低いと思わざるを得ない。ならば捏造かと考えるのは当然である。》

事実はどうだろうか。金学順の1991年8月14日の記者会見を伝えた8月15日付け韓国紙・東亜日報の記事は冒頭で、金学順の発言をこう紹介している。

「挺身隊慰安婦として苦痛を受けた私が、こうやってちゃんと生きているのに、日本は従軍慰安婦を連行した事実はないと言い、韓国政府は知らないなどとは話になりません」

同日付けの韓国紙・中央日報でも、書き出しはこうなっている。

「日本の植民地時代に中国に駐屯していた日本軍に挺身隊として連れていかれ、4ヶ月目に脱出した挺身隊の『生き証人』、金学順さん（67・ソウル忠信洞）が14日、『私は挺身隊だった』と自らの体験を明かした」

櫻井は札幌地裁に提出した陳述書で「同年8月15日付けで韓国の『中央日報』『朝鮮日報』『東亜日報』『ハンギョレ新聞』などがこぞって金さんの発言をつたえています。どの新聞も植村氏が報道した『女子挺身隊の名で戦場に連行された』という事実は報じていません」と述べている。

しかし、中央日報の例がわかりやすいように、金学順は記者会見でみずからを「挺身隊だった」と発言した。それを受けて「日本軍に挺身隊として連れていかれ」と書いているのである。

北海道新聞はこの記者会見の直前に金学順を単独インタビューし、8月15日付け朝刊に「韓国の元従軍慰安婦が名乗り」との見出しの記事を掲載している。この記事を書いた当時の北海道新聞記者・喜多義憲の札幌地裁に提出した陳述書によれば、インタビューの冒頭、金学順は「私が挺身隊であったことをウリナラ（我が国）ではなく、日本の言論（報道機関のこと）に最初に話すことになるとは思いもしなかった」と語っている。つまり、金学順は記者会見やインタビューで「自分は挺身隊だった」と語っている。そして、それは少し調べれば容易にわかる事実だったのである。

「ジャーナリストとしてあってはならない」言説

金学順が語っていない「再び売られた」という発言を、語っていたかのように付け加え、一方、語っていた事実については語っていないことにする――。

　櫻井は札幌地裁に提出した陳述書で「金学順氏が述べていない経緯を、あたかも本人が話したかのように勝手に付加して述べることはジャーナリストとしてはあってはならない」と書いている。

　そうであれば、櫻井の言説こそ「ジャーナリストとしてはあってはならない」ものではないのか。報道という仕事に長年携わってきた筆者の経験からしても、当事者が語っていない記者会見での発言を、あたかも正確に再現するかのようにカギカッコをつけて引用するという手法は、およそ考えられず、どのような理由があっても許されない。まさに「捏造」という行為にあたるからだ。

　本章の最後に〈こうした虚偽に満ちた櫻井の言説を支える動機はなんだろうか〉という問いに向き合いたい。その一つの答えは、櫻井の陳述書でこう示唆されている。

《植村氏は捏造と書かれて名誉が毀損されたと訴えています。しかし植村氏は、自身の記事がどれだけ多くの先人たち、私たちの父や祖父、いま歴史の濡れ衣を着せられている無数の日本人、アメリカをはじめ海外で暮らす日本人、学校で苛めにあっている在外日本人の子供たち、そうした人々がどれ程の不名誉に苦しんでいるか、未来の日本人たちがどれ程の不名誉に苦しみ続けなければならないか、こうしたことを考えたことがあるのでしょうか。》

　櫻井にとって慰安婦問題における「被害者」は、過去、現在、未来の日本人や在外日本人であり、その名誉回復が何より優先するのである。逆に言えば、日本軍の慰安婦として苦痛を味わった朝鮮半島、中国、東南アジアなどの女性たちの被害と名誉回復に視線は向けられてはいないのだ。

　櫻井は法廷で「私が個々の慰安婦の問題を取材しなかったわけではないんですけれども」と述べた。しかし、金学順をはじめとして「個々の慰安婦」の証言に本当に向き合い、真摯に耳を傾けたのだろうか。金学順の詳しい証言は、裁判での陳述書などのほか、２００６年に刊行された『証言　未来への記憶　アジア「慰安婦」証言集Ⅰ』（明石書店）でも読むことはできる。一度でも読めば、〈金学順が17歳で再び売られ、慰安婦になった〉という認識を持つことなどありえない。

櫻井は、中国や韓国との「歴史戦争」を戦っているという。その認識の枠組み自体に大きな疑問符がつくが、かりにそうした「歴史戦争」というものがあって勝利を目指すのであれば、虚偽に満ちた言説を武器にするのはやめたほうが良いだろう。

金学順の少なくない証言に接してきた筆者としては、〈14歳で母親に40円で売られた〉という金学順が述べている事実についても、私たちが印象として抱いていた冷酷な事情とは異なっており、ましてや慰安婦という過酷な運命につながる道筋を敷くものではなかったのではないかと、思い描く。『証言　未来への記憶』に収められた彼女の証言に次のような記述があるからだ。それをお伝えし、この章を結びたい。

> 母は私を、妓生を養成する家の養女に出しました。私が15歳のときでした。母と一緒にその家に行き歌を歌って、合格したのです。それから母は養父から40円をもらい、何年かの契約で私をその家に置いて行ったと記憶しています。あまりにも家にいることが窮屈で嫌だったので、そのほうがかえってせいせいすると思いました。（中略）
>
> 国内では私たちを連れて営業できなかったので、養父は中国に行けば稼げるだろうと言いました。それで養家で一緒に妓生になるための習い事をした姉さんと私は、養父に連れられて中国に行くことになりました。１９４１年、私が満17歳になった年でした。養父は中国へ発つ前に母に連絡して中国へ行くことを承諾してもらいました。出発する日、母は黄色いセーターを買って来てくれて、平壌駅まで出て来て見送ってくれました。

4　西岡力は自身の証拠改変と「捏造」を認めた
――「ない」ことを書き、「ある」ことを書かなかった「利害」関係者

水野孝昭

「捏造」という言葉は辞書で、「事実でない事を事実のようにこしらえること」（『広辞苑』）と定義されている。「本当はない事を事実であるように作り上げること。でっちあげ」という意味である。

「捏造といわれることは……記者にとって死刑判決に等しいのです」

東京訴訟が幕を開けた2015年4月の第1回口頭弁論。陳述に立った植村隆は証言台で、腹の底から声を絞り出した。肩が小刻みに震えたのは、悔しさをこらえていたのだろう。

西岡力らを名誉棄損で訴えた訴訟で、植村側は「捏造」の定義についての4つの辞書の説明を証拠として東京地裁に提出した。こんな、まどろっこしい手順を踏んだのには理由がある。「誤報」と「捏造」は、ジャーナリストにとって全く意味が違うことを、裁判所にしっかり確認してもらう必要があるからだ。

「捏造」というレッテルによる「死刑判決」

「誤報」は、事実関係の確認不足や記者の勘違い、思い込みによって起きてしまうミスだ。細心の注意を払っているつもりでも避けられない。私自身を含めて、締め切りに追われる取材の現場に身を置いたものなら、程度の差はあれ、誰もが赤面した経験をしているはずだ。

それに対して「捏造」は、記者が自ら意図して、ありもしない事実をでっちあげることだ。間違った情報

を流す点は共通しているが、「意図してやった」のかどうかが、決定的に違う。

ジャーナリズムの世界で有名な「捏造」は、米ワシントンポスト紙の記者による「ジミーの世界」事件だ。スラム街で麻薬に溺れていく黒人少年ジミーを迫真の筆致で描いたルポで、その記者は1981年のピュリツァー賞を受賞する。ところが、「ジミー」は実在しない想像の産物だった。ピュリツァー賞はもちろん、関連記事は全て取り消されて、記者は解雇された。ウォーターゲート事件の報道でニクソン大統領を辞任に追い込んだワシントンポスト紙は、その名声にすっかり泥を塗ってしまった。

朝日新聞では、1989年の「沖縄サンゴ損傷捏造」事件が記憶に新しい。記者が自分でサンゴを傷つけながら、「サンゴを傷つけるのは誰だ」と記事を書いた。記者は懲戒解雇、上司は更迭。社長も引責辞任している。古くは、地下潜行中の共産党幹部、「伊藤律会見」捏造事件（1950年）も苦い記録である。過去の紙面を収録している朝日新聞縮刷版でも、この記事部分は削除されて空白となったままだ。

「誤報」とは違って、「捏造」をしたら、記者生命は終わる。それが「捏造」である。こうしたジャーナリズムの常識を踏まえれば、「捏造記者」というレッテルを貼られた植村が、「それは死刑判決だ」と必死に訴えてきた理由が、よく理解できるはずだ。

西岡力はいったい何回、植村に対して「死刑判決」を下してきたことだろう。

《植村記者の捏造は自分が特ダネを取るためにウソをついただけではなくて、義理のお母さんの起こした裁判を有利にするために、紙面を使って意図的なウソを書いたということだから、悪質の度合いも二倍だと思う》

《意図的な捏造により日韓関係が、そして最近では日米関係までもがいかに悪くなったか、その責任は重大だ》（『増補新版・よくわかる慰安婦問題』）

西岡の指摘が本当ならば、植村のケースは、記者が特ダネをあせって「事実」をでっちあげた、という単純なものではない。自分の義母の起こした裁判を有利にするため、記者という立場を利用して、紙面に悪質なでっち上げ記事を書いて読者を欺いてきた、というのだ。しかも、その義母は韓国人であり、日本政府を相手取って太平洋戦争での韓国人犠牲者を代表して損害賠償を求める裁判を起こした当事者なのだ。この「意図的な捏造」によって、日韓だけでなく、日米関係まで悪化させて日本の「国益」を損なってしまった……。

これが、西岡が90年代から一貫して断罪してきた「捏造記者・植村隆」の罪なのである。これが事実なら、確かに記者として「死刑宣告」に値するだろう。本稿は、こうした主張が正しいのかどうか、法廷に提出された証拠や本人証言に基づいて検証していきたい。

西岡が独自に定義した3つの「捏造」断定基準

まず、「捏造」という評価がいつから始まったのか、を確認しよう。実は、西岡も当初から植村の記事を「捏造」と決めつけていたわけではない。途中からエスカレートさせているのだ。

西岡が最初に名指しで植村を批判したのは、月刊「文藝春秋」92年4月号の「慰安婦問題とは何だったのか」と題した記事である。この段階では、「捏造」とは言っていない。次のように日本メディア全体の慰安婦報道を批判している。

《朝日新聞に限らず、日本のどの新聞も金さんが連行されたプロセスを詳しく報ぜず、大多数の日本人は当時の日本当局が権力を使って、金さんを暴力的に慰安婦にしてしまったと受け止めてしまった》

植村記事に対しても、「重大な事実誤認」や「ある意図をもって事実の一部を隠ぺいしようとしたと疑われても仕方がない」など、批判は手厳しいが、「捏造」という決めつけは避けていた。

一変するのが、97年5月に「諸君!」に掲載された「慰安婦問題　すべての感情論を排す　誰も誤報を訂正しない」である。ここでは、植村記事を「まったくのウソ」と決めつけ、その意図についても、「義理の親の裁判を有利にするための記事といわれても仕方ない」と断言している。92年時点での「重大な事実誤認」と、この「まったくのウソ」とでは意味が異なるはずだが、西岡にとっては同じらしい。「捏造」とエスカレートし始めるのは、98年7月号の「正論」からである。「慰安婦『国家賠償』判決を支える大新聞の罪」というタイトルが示すように、植村が義母の対日訴訟を有利にするために「捏造」した、という主張を全面的に展開している。

前述したように、西岡が攻撃するのは、単なる「捏造」ではない。義母の対日訴訟が有利になるように記者の立場を利用して書いた、日本の国益を踏みにじる「でっち上げ」だという。

当初は「重大な事実誤認」としていた評価を、この時点で重大な「捏造」告発にエスカレートさせた理由はなんだろうか？　法廷で西岡は、こう答えた。

「朝日新聞が植村氏の記事に対して訂正をださないまま、特派員としてソウルに赴任させたから」

この答えを傍聴席で聞いて、拍子抜けする思いだった。ソウル特派員の人事を発令したのは会社であって、本人ではない。筆者がソウルに赴任すると、過去に書いた記事の内容が「重大な事実誤認」から「捏造」に変わる、というのだろうか。これでは理由にならない。「事実誤認」と「捏造」では、読者を欺こうという意図があるかないか、という決定的な違いがある、というのが辞書にも載っている常識ではないだろうか。

この辻褄を合わせるためだろう。西岡は「捏造」について、法廷で奇妙な独自の定義を述べ始めた。「重大な事実誤認で、間違えるはずもないこと」を間違えていれば、「捏造」と同じだ、というのだ。

この独自の定義に基づく「捏造」の基準として、西岡は次の3つを示した。

①本人が語っていないことを書く

②書くべきである事実を書かない
③筆者が利害関係者である

本稿ではあえて西岡基準に沿って、植村と西岡のどちらが「捏造」したのかを検証していきたい。

「訴状」と「韓国紙」にない記述を証拠提出した西岡

韓国内で91年に初めて元慰安婦として名乗り出た金学順について、植村が書いた同年8月と12月の2本の記事に関し、西岡は次の点を非難して「捏造」と主張してきた。

①「女子挺身隊の名で戦場に連行された」という本人が述べていない経歴を加えた
②本人が述べた「親に40円でキーセンに売られた」ことを書かなかった
③対日請求訴訟を起こしている「義母から便宜」を受けて記事を書いた

中でも主張の核心となるのは、この元慰安婦は日本軍に慰安婦にされたのではなく、「親に身売りされて慰安婦になった」のだから、日本に責任はない、ということだろう。植村への激しい個人攻撃の引き金となった「週刊文春」(14年2月6日号)の記事では、こうコメントしている。

《名乗り出た女性は親に身売りされて慰安婦になったと訴状に書き、韓国紙の取材にもそう答えている。植村氏はそうした事実に触れずに強制連行があったかのように記事を書いており、捏造記事と言っても過言ではありません》(「〝慰安婦捏造〟朝日新聞記者がお嬢様大学教授に」)

この記事がきっかけで、植村が早期退職して赴任するはずだった女子大に250通もの抗議メールや電話が相次ぎ、彼は再就職先を失うことになった。家族にも激しい攻撃がおよんだ。ネットに自分の子どもを含む家族の顔写真や実名、自宅の住所や電話番号まで公開され、一家はいわゆる「さらし」状態におかれた。自宅や職場には「殺す」という脅迫状や嫌がらせの電話が殺到。高校生の娘の通学にパトカーの警護がつく事態になった。

度を越した個人攻撃が続いたのは、「韓国人の義母の裁判を有利にするために、紙面を使って意図的なウソを書いた」という西岡の説明が、日本社会の一部に根強い嫌韓感情に火をつけたからであることは明らかだ。

植村記事を「捏造」とする論拠として、西岡が法廷に提出した証拠は2つある。

ひとつは91年8月14日、金学順による最初の記者会見を報じた韓国のハンギョレ新聞の記事である。もうひとつが、同12月に金が太平洋戦争被害者の一人として、日本政府を相手取って提訴した際の「訴状」だ。ところが、韓国紙の記事にも、訴状にも、西岡が書いているような記述は一切ないのだ。それどころか、金学順が名乗り出た際の記者会見で、本人が「強制的に連行（引っ張っていかれ）された」とはっきり述べていたことが当日の韓国のテレビニュースの映像に記録されていた。

金学順が「親に身売りされて慰安婦になった」と発言していた、という西岡説は、まったく裏付けを欠いていたのだ。

18年9月5日の東京訴訟の本人尋問でも、この点は焦点となった。以下、当日の法廷でのやり取りを追っていこう。

訴状にそうした記載があるのか、と植村側代理人の穂積剛弁護士が問いただすと、西岡氏はあっさりと「記憶違いだった」と認めた。それでいながら、「週刊文春」のコメントについては、「丸めて言っていて、そういうふうに学者として判断した」と開き直り、「週刊誌の談話は短いので縮めて書いている。談話とはそういうものでしょう」と反論した。事実として間違っていたにもかかわらず、訂正についても「裁判が終わってから、必要があれば考える」と述べるにとどまった。

「覚えてない、間違いですね」と繰り返す

もうひとつの論拠だったハンギョレ新聞記事には、その記述はあるのだろうか？　この記事については西岡が自ら全訳しているから、内容を熟知しているはずである。

穂積弁護士は、韓国語の原文記事と、それを引用している西岡の著書『よくわかる慰安婦問題』の初版と比べながら、「この記述は原文にはありませんね？」と尋ねた。《「私は四〇円で売られてキーセンの修業を何年かして、その後、日本の軍隊のあるところに行きました」》という西岡の主張の核心の部分だ。

「ありません。間違いですね」と、西岡は認めた。ハンギョレ新聞の記事を自分で翻訳して引用していたはずの著作に、「捏造」説に都合のよい文章を原文にないのに挿入していたと、法廷で認めたのだ。

「いかにも本人の発言であるかのような、この文章はどこから持ってきたのですか？」

「覚えていないですね。まずいですね」

「まずいですよね。これは記事の引用ですか？　元の文章がどこかにないとおかしいですね？」

「おかしいですね」

「それとも月刊「宝石」の記事をもとにして、あなたが勝手に作って書き足した言葉ですか？」

「うーん、覚えてないですね。これ間違いですね」

消え入るような小声で繰り返す西岡は、「間違い」と認めたものの、なぜ金学順が語っていないことばを付け足したのか、については正面から答えようとしなかった。

このハンギョレ記事の「改竄」版を使っているのは、この著書だけではない。「正論」の「従軍慰安婦を

る。

捏造した朝日新聞記者の素顔」（２００８年11月号）などでも、植村が「捏造」した証拠として引用している。

慰安婦問題についての西岡の主著である『よくわかる慰安婦問題』は、２００７年に出版された。増補新版として文庫化されたが、12年12月発行の初版と2版には「改竄」部分が残っている。

ところが、最新の増補新版（3版）には、その「改竄」部分は載ってない。削られているのだ。いつの間にか削除した、ということなのだろうか？　穂積弁護士は、この点も追及した。

「この一文がハンギョレ新聞の記事には一切ないという事実に、いつ気づきましたか？」

「うーん、新しいのを書くときに、気づいて訂正した記憶はあります」

「訂正したんですね？」

「そういう記憶はあります」

「まずいですよね？」

「まずいですね。ハンギョレ新聞というところがまずい。カギカッコはここで閉じなければ」

西岡は「訂正した」と述べただけで、いつ気付いたのか、いつ訂正したのか明確な回答を避けている。

実は文庫化にあたって、西岡氏は本文中の表現などの誤りを細かくチェックして訂正しているのだ。それなのに、この「改竄」には気がつかなかった、というのだろうか。自ら記事を全訳していたにもかかわらず。「捏造」攻撃の根拠にした核心の記述をこっそり著書から削除して、「改竄」していた事実をなかったことにしようした「作為」ではないか、と言われても仕方がないだろう。

西岡による「作為」は、それだけではない。ハンギョレ新聞は、西岡が引用した部分に続いて、金学順の証言を次のように報じている。

「私を連れて行った義父も当時、日本軍人にカネをもらえず武力で私をそのまま奪われたようでした」

金学順は、同行していた義父から「武力でそのまま奪われた」とはっきり述べているのだ。だが、西岡はこの部分は一度も引用していない。つまり、自分の「翻訳」には元の記事が書いていない文章を挿入する一方で、元の記事が書いていた「強制連行の被害者」としての証言は無視してきたわけだ。

勝手に書き加えられた金学順の連行経歴

このハンギョレ新聞の記事だけでなく、西岡は自分から提出した他の証拠でも「無理やり連行された」という部分はすべて無視している。その「作為」の悪質さを確認するために、慰安婦にさせられた経緯を金学順はどう述べているのか、証拠を読み較べてみよう。

西岡側の証拠の第一は、『証言　未来への記憶　アジア「慰安婦」証言集1』に載っている証言だ。

「北京に到着して食堂で昼食をとり、食堂から出て来たときに、日本の軍人が養父を呼び止めました。数名いた中で階級章の星二つをつけた将校が、養父に『おまえたちは朝鮮人じゃないのか』と聞きました。養父は私たちは中国へ出稼ぎにきた朝鮮人だと話しました。するとその将校は、金儲けなら自分の国ですればいいのになぜ中国へ来たのかと言い、『スパイじゃないのか？　こっちへ来い』と言って養父を連れて行きました。

姉さんと私は別の軍人たちに連行されました。路地一つを過ぎると無蓋のトラックが一台止まっていました。それには軍人が40人から50人ぐらい乗っていました。私たちにそのトラックに乗れというので乗らないと言いましたが、両側からさっとかつぎ上げられて乗せられてしまいました。（中略）私たちはとても驚き、恐ろしくもなって、トラックの中で身を縮めて泣いていました」

「昼に養父をひっぱって行った将校が部屋に入って来て、私を布で仕切った部屋へ連れて行きました。（中略）行くまいともがきましたが、力ずくでひっぱられて隣の部屋に連れて行かれました。（中略）抵抗しましたが、服はみな引き裂かれてしまい、結局その将校に私は処女を奪われてしまったのです」

西岡側の第2の証拠は、「月刊宝石」（92年2月号）の臼杵敬子によるインタビュー記事である。

「十七歳のとき、養父は『稼ぎに行くぞ』と、私と同僚の『エミ子』を連れて汽車に乗ったのです。着いたところは満州のどこかの駅でした。サーベルを下げた日本人将校二人と三人の部下が待っていて、やがて将校と養父の間で喧嘩が始まり『おかしいな』と思っていると養父は将校たちに刀で脅かされ、土下座させられたあと、どこかに連れ去られてしまったのです」

「日本軍が占領したその集落には三百人ほどの日本兵が駐屯していました。トラックで夜着いた私たちは、将校に案内され、真っ暗な部屋に入れられ、外から鍵をかけられ閉じ込められたのです。そのとたん、私は『しまった』という後悔でいっぱいでしたが、もうどうしようもありません。（中略）将校が私を小さな部屋に連れて行き、服を脱げと命令したのです」

いったい誰が、17歳の少女を慰安所に連行して、無理やり慰安婦にしたのだろうか？「養父が慰安所に連れて行って慰安婦にした」と読み取れる人が、西岡以外にいるだろうか？　金学順は、日本軍の将校に養父と引き離され、無理やり連行されて慰安所に閉じ込められて処女を奪われた、と繰り返し述べているではないか。

こうした証言を法廷の証拠としておきながら、西岡は提訴された後も「捏造」攻撃を続けている。

《（金さん）本人が話していた貧困のため母親にキーセンとして置屋に売られ、置屋の主人に日本軍慰安所に連れていかれたという重大な事実を書かなかった》（「私を訴えた植村隆・元朝日新聞記者へ」「正論」15年3月号）

金学順が「キーセン置屋の主人に日本軍慰安所に連れていかれた」と述べた、という記述は、いったいどこにあるのだろうか？　その証拠があるなら、なぜ法廷に提出しないのだろうか？　本人が語った「日本軍に連行された」という証言は無視して、本人が言っていない「置屋の主人に日本軍慰安所に連れていかれた」という経歴を勝手に書き加えていたのが西岡力である。これこそ、「捏造と言っても過言ではない」のではないだろうか。

作られた「義母の便宜供与」ストーリー

最後の「義母から便宜をうけて記事を書いた」という点はどうなったのだろうか。

これは16年2月の第4回口頭弁論で提出された、朝日新聞元ソウル支局長の証言で決着している。91年8月に大阪社会部員だった植村がソウルに取材に行ったのは、自分が植村と電話で話した際に「元慰安婦が名乗り出てきたらしい」という情報を提供して「植村君、取材にこないか」と誘ったからだ、と述べているのだ。さすがに西岡も、白旗を挙げるしかなかった。

「(義母からの)情報提供があったんじゃないかと思いました。(中略)そんなことはなかったと言われたので、それについては私は争う材料がないので……」

「じゃ事実ではないかもしれないと、そうであれば訂正する」

ちょっと待ってほしい。西岡は92年2月にソウルで自ら植村の義母にインタビューしたのではなかったか? その際に「植村に情報を提供したのか」という肝心の点を、なぜ聞かなかったのだろう?

この時のソウル取材について、西岡は「文藝春秋の編集長が全面的にバックアップする態勢を作ってくれた」と著書に書いている。「優秀な編集者が一人べったりと張りつき、取材記者は何人使ってもいい、資料もいくら買ってもいい、予算はあるから、どこでも取材に行きましょう」という条件で、ソウルに行ったというのだ。この取材そのものが、文春側の申し出だった。「ある文藝春秋関係者」から「植村記者は幹部の娘と結婚している。記者の倫理としてどうなのか?」と言われ、「植村記者は娘さんと結婚していますかと聞くため」にソウルに行った、と法廷で述べたのだ。

つまり、植村の記事の取材経緯やその内容の真偽を確認するためではなく、最初から「義母による便宜供与」を前提にしたストーリーを仕立てる狙いの取材だった、ということではないだろうか。それだから、名乗り出た慰安婦本人に会えなくても、元慰安婦の会見に出席していた韓国紙記者に確認しなくても、それで十分だったのだ。

これでは、とても「学術調査」と呼ぶことはできない。文春の指示と取材費で動き、指示された内容だけを確認する、「特派記者」の仕事というべきではないだろうか。

西岡は、大学教員の名刺を義母に示して「学者として取材した」、と法廷で述べた。だが義母は「植村さんの友人というから西岡に会って、信頼して遺族会の会計帳簿まで見せた」と主張している。その後、西岡が「文藝春秋」に記事を書いたこともまったく知らずにいて、義母は何カ月も経って知人から西岡の記事に自分のコメントが載っていることを聞かされたという。

本人尋問を終えて東京地裁を出る西岡
（2018年9月5日）撮影＝高波淳

義母は東京地裁に提出した陳述書で、こう述べている。

「西岡さんの記事には、たくさんの間違いがあります。私は、西岡さんたちが元慰安婦の話をどれくらい聞いたのか、どれだけ調査して記事を書いたのか、大いに疑問があります」

友人と名乗ったかどうかは別にして、西岡にはこの問いかけに答える義務があるはずだ。

以上、法廷でのやり取りを検証してきた。ここで、西岡の示した「捏造」の基準の3点を再確認しよう。

①本人が語っていないことを書く
②書くべきである事実を書かない
③筆者が利害関係者である

この基準を西岡にあてはめると、どうだろうか?

①「義父に40円で売られて慰安婦になった」と、本人が語っていないことを書いた
②「私は日本軍に連行されました」という本人の証言など、書くべきことを書かなかった
③ソウル取材は「文春関係者から」もらったネタを、「文藝春秋」の記事にするため、編集部の丸がかえで行った。西岡は文藝春秋の利害関係者である

つまり、西岡基準によって、「捏造」という条件を完全に満たしていると言えるだろう。自ら法廷で示した定義によって、西岡力は自らが「捏造学者」であることを立証した、と言っても過言ではない。

5　櫻井と西岡の主張を突き崩した尋問場面

――法廷ドキュメント

構成　中町広志

植村裁判でもっとも注目されたのは、櫻井と西岡に対する本人尋問だった。植村の記事を捏造だと攻撃し続けてきたジャーナリストと大学教授。その2人に真意と根拠をきちんと問い質さなければならない。本人尋問はそのためにあった。櫻井と西岡は、植村側の弁護士が次々に投げかける質問にしばしば、たじろぎ、声を落とした。そして、これまで主張してきたことに事実誤認や改変があることを認めた。

以下に、「捏造」説の重要な根拠が崩れ去ったことが明らかになった法廷の、緊迫のやりとりを再現する。この記録は、裁判所が作成した「本人調書」をもとにしている。横書きを縦書きとし、段落、証拠提示、発言者の表示などの書式は変更しているが、尋問での発言記録は、誤字、誤記、数字も含めすべて調書原本のママである。なお、《　》は編者による解説と注記であり、文責は編者にある。

5―1　櫻井よしこ尋問　自ら認めた杜撰な取材と事実の歪曲（札幌地裁2018年3月23日）

札幌訴訟での原告、被告に対する本人尋問は3月23日、第11回口頭弁論で行われた。

櫻井は主尋問で、代理人林いずみ弁護士の質問に答え、慰安婦問題に関心を持つようになったきっかけと基本的な考え、これまでに行った取材や研究の内容を語った。自身の著述や発言に誤りがあるとの指摘についても釈明した。さらに朝日新聞の慰安婦報道については「海外での日本の評価を傷つけた」と語り、植村の記事についても「意図的な虚偽報道だ」とのこれまでの主張を繰り返した。林弁護士の尋問は45分で終わり、続いて植村側の川上有弁護士による反対尋問に移った。

以下は、反対尋問の記録である。

櫻井よしこ尋問

《川上弁護士は、櫻井が「金学順さんは人身売買で慰安婦にさせられた」と断定していることに、冒頭から一気に切り込んだ。頻繁に出てくる「先ほど」は、主尋問でのやり取りを指している》

川上有弁護士（以下、川上と略）　まず、論文アとこちらで表示しているWiLLの2014年4月号、甲7号証、この記事についてお尋ねしたいと思います。（甲第7号証を示す）41ページ中段、右から1行目ないし5行目を示します。これ、先ほど、御紹介し掛かったところで記載されてるところちょっと読み上げますね。「植村氏は、彼女が継父によって人身売買されたという重要な点を報じなかっただけでなく、慰安婦とは何の関係もない『女子挺身隊』と結びつけて報じた。」、このように記載されてますね。

櫻井　はい。

川上　そのあなたの認識としては、金学順さんが継父によって人身売買されたという経緯がとても重要なんだ、こういう御認識でいらっしゃるんですね。

櫻井　いえ、そうではなくて、先ほど来申し上げておりますように、植村さんが書いたことは金学順さん、その当時は名前は明らかにしていませんけれども、明らかに金学順さんが、女子挺身隊の名で戦場に連行され日本軍人相手に売春行為を強いられたと書いた、これは個別のことですよね、経歴ですよね。このことを彼が書いた、そのことが問題である。別に売春が問題だとかそういった今の川上さんのおっしゃることではありません。

川上　ちょっと不思議なんですよね。私、あなたが書かれたとおりに読んだつもりだったんですが、あなたの文章では、植村氏は、彼女、金学順さんですけれども、金学順さんが継父によって人身売買されたという重要な点を報じなかったというふうに記載されてるもんですから、彼女、金学順さんが継父に人身売買されたというのは重要な点だと認識されてるんですねとお尋ねしたんですが。

櫻井　植村さんは、女子挺身隊の名で戦場に連行されたということを書くことによって、この、そこに当然当時の状況で関わっていたかもしれないこの商行為のことを省いているわけですね。女子挺身隊の名で戦場に連行されて日本軍人相手に売春を強いられたと書いた、そのことを私は問題にしてるんです。

川上　ただ、今御紹介した文章では、彼女が継父によって人身売買されたというのが重要な点なんだと、それを報じなかったんだと書いてあることは間違いありませんね。櫻井さんが、その背景にいろんな思いを持っていたことは恐らく間違いないんだろうと思いますが、文章としてはそう表現されている、これは間違いないんでしょう。

櫻井　私はそのように考えておりません。

川上　では、言い方を変えると、植村さんが金学順さんが継父によって人身売買されたという点を報じなかったことは、重要な点を報じなかったわけではない、こういうふうに理解してよろしいですか。

櫻井　私が申し上げているのは、金学順さんが女子挺身隊の名で戦場に連行されて、日本軍の性の慰み物にされたということを書いたその記事のことを私は問題にしてるのであって、そのこと以外の何ものでもありません。

《櫻井は言を左右にして「人身売買」説に深入りされることを避け続ける。川上は、櫻井が「人身売買」説の根拠としてきた「訴状」の記述について追及を始めた》

川上　私にはちょっと理解できませんが、続けて質問したいというふうに思います。少なくともこの文章を読むと、その重要な点だとして示されているのが、その前段階に書いてあるところなので、甲7の41ページ、上段左から6行目を示します。（甲第7号証を示す）「訴状には、十四歳のとき、継父によって四十円で売られたこと、三年後、十七歳のとき、再び継父によって北支の鉄壁鎮という所に連れて行かれて慰安婦にさせられた経緯などが書かれている。」、このように書かれていることは間違いないんですね。

櫻井　はい、そのように書いています。

川上　これが、先ほどの御説明では、いろんなことが頭の中で知識としてあったので、どこかで勘違いが起きたのではないか、趣旨としてはそういう意味でお話しになられたという理解でよろしいでしょうか。

櫻井　川上さん、ごめんなさい。この私の書いた文章を先ほどお示しいただいて、すぐに目の前から持っていかれたものですから、全部その文章そのものを私が、私もいろんなものを書いておりますので、全体にどの文章で何を書いたかということを、一つ一つの文章の中で思い出すことができませんでしたけれども、今これを読んでみますと、あなたの御質問に対する答えをもう一回申し上げますと、彼女が、ごめんなさい、「人身売買されたという重要な点を報じなかっただけでなく、慰安婦とは何の関係もない『女子挺身隊』と結びつけて報じた。」と書いてありますね。ここがすごく問題なんです。先ほど申し上げましたように吉田清治という人がいて、女子挺身隊の名で日本は、女子挺身隊というものは勤労奉仕の若い女性たちのことであったにもかかわらず、韓国でも本当はそうだったんですよ、にもかかわらず、吉田清治という本当にうそつきの人が本を書いたり講演をしたりして、女子挺身隊と慰安婦を混同するようにしたわけですね。それによって、この後出てくるかもしれませんけれども、韓国における女子挺身隊の定義そのものが変わっていくんですよ。で、そのような女子挺身隊と慰安婦は本当は何の関係もないんだけれどもそれを結び付けた、具体的に金学順さんという人がいたんだということで加害者と被害者がぴったり合わさって、これは今まで虚構じゃないかと思われていたことが、ああ、日本って本当にこんなことをしてたんだ、女子挺身隊の名で連れていったんだというふうな構造を作るのに植村さんが貢献してしまったということで私は非難をしてるんで、ですから、私の批判の論点はここにあります。

《質問をはぐらかし、長広舌をふるおうとする櫻井に注意するように、川上は裁判長に求めた》

川上　裁判長、被告本人に対して裁判所でのルール、聞かれたことに答えるようにということについて…。

岡山忠広裁判長（以下、裁判長と略）　なるべく短くするようにしてください。

櫻井　すみません。

川上　先ほど、「訴状には、」というふうに書いてある部分、こういう記載をしてしまったのはいろんなことが頭の中で知識としてあったものだから出典を誤ったんだと思いますというお話でしたね。

櫻井　はい。

川上　で、もう一度ここで確認したいんですが、訴状には継父によってという記載がない、これは間違いないですね。

櫻井　はい。

川上　40円でという言葉も訴状には出てないことも間違いありませんね。

櫻井　はい。

川上　売られたという単語も入ってませんね。

櫻井　はい。

川上　あるいは、訴状には、継父に慰安婦にさせられたとの記載もありませんね。

櫻井　はい。

川上　訴状には、継父によって人身売買されたとの記載もありませんね。

櫻井　はい。

《「訴状には40円で売られた」との記述はない、と畳みかける川上の質問を遮るように、被告代理人が異議を発する》

林いずみ弁護士（以下、林と略）　異議です。訴状にはとおっしゃるときに、示していただけませんか。

川上　分からないならば示します。記憶におありだからお答えになってるんじゃないですか。

裁判長　ということでよろしいんじゃないでしょうか。記憶がなければ記憶がないでいいですからね。迎合してはいと言うことはないですから。

川上　私、被告櫻井さんが迎合するような方ではないというふうに知っております。

櫻井　正確を期するために、訴状もその度見せていただいたほうがよろしいかもしれません。

川上　はい、その都度おっしゃってください。整理すると、この論文ア、甲7号証の論文ですが、その論文を書くときに訴状を横に並べて書いたわけじゃないんだ、こういうことですわね。

櫻井　横に並べて書いたわけではありません。

川上　先ほど、いつ、この訴状というものを入手したのかというと、1996年頃だったと思いますというお話をされましたが、この論文を書くに当たって、最も直近で実際に訴状を御覧になったのはいつ頃だったですか。

林　この論文は、どっちの論文をおっしゃってるんでしょうか。

川上　先ほどからずっと一貫して甲7号証の論文のことしか、私、聞いておりませんので、どちらかというふうに言われてもちょっと困るんですけれども、甲7号証でよろしいですか。

林　甲7号証で結構です。

川上　甲7号証の論文を書く前、いつ頃御覧になりましたか。

櫻井　…この論文を書く少し前には見たはずです。見ました。けれども。見方が足りなかったと思います。

川上　少し前に御覧になったんだ。

櫻井　はい。

川上　少し前に御覧になったときに、その訴状に40円という記載がないことは気が付かなかったということですかね。

櫻井　私は、書斎の1つのコーナー全部朝鮮問題です…。

川上　私の質問に端的に答えていただければ結構なんですけれども、40円という記載がないことに気が付かなかったということですか。

櫻井　40円の記載はほかにもあったのと混同したということです。

川上　でも、そのときによく読めば分かったはずですね。

櫻井　そうですね。

川上　正に、あなたの文章では重要だと書かれている部分についての論述部分なんだから、もう少し丁寧に見るべきだったんだ、先ほどのあなたの御発言は、そういう趣旨で理解してよろしいですか。

櫻井　40円ということは、訴状に書かれていませんけれども事実であります。本質的な意味では間違いでないと私は考えています。

《櫻井が訴状には書かれていないことを強調して「人身売買」説を広げたのは、「WiLL」誌上だけではない。川上は証拠を提示して追及を続ける。櫻井側は異議を連発するが、裁判長は審理の冒頭に手続きを踏んでいるとして取り合わない。傍聴席には緊張感が高まっていく》

川上　訴状に40円と書いていなかったことは、間違いですね。

櫻井　訴状にはありませんでしたけれども、40円で売られたという事実は間違いではありませんので、本質的には間違いではないと考えております。

川上　何が本質かというところについて、私ここで議論するつもりがないので質問を先に進めます。この40円で売られたということを訴状で書いてるんだという御趣旨の論述を、櫻井さんはほかでもしておられますね。

櫻井　ほかというのはどこですか。

川上　記憶がなければ順次聞いていきますけれども、そういう御記憶はありませんか。

櫻井　…指摘してくださったほうが答えやすいと思います。

川上　（後出の甲第110号証を示す）《後出とは、指定日以降に裁判所に提出された証拠であることを示す》産経新聞の2014年3月3日朝刊1面を示します。

林　今日認められたものですか。

川上　そうです。

裁判長　だから、弾劾の趣旨で出されるということだと思いますので、どうぞ。

川上　1面の左側のほうにあると思うんですが、6段目、一番下の段の3行目を御覧ください。「この女性、金学順氏は後に東京地裁に訴えを起こし、訴状で、14歳で継父に40円で売られ、3年後、17歳のとき再び継父に売られたなどと書いている。」、このように書いてありますね。

櫻井　はい、そう書いてあります。

川上　ここでも、訴状でこう書いてあるという意味では間違いですね。

櫻井　間違いですから、これは改めますと先ほど申し上げました。

川上　（後出の甲第111号証を示す）月刊正論、3枚目左ページ。

林　それも直近に出されて、今日、示すことが認められたものですか。

裁判長　弾劾の趣旨だと思いますので、どうぞ。

川上　3段目。

野中信敬弁護士（被告ワック代理人、以下、野中と略）　111もオーケーでしたか。

裁判長　111は弾劾の趣旨として出すということであれば認めますというふうに述べております。

林　示すこともお認めになったんでしょうか。

裁判長　そうです。

川上　当然でしょう。3段目、読んでいきますと、「十四歳の時にキーセン学校に親から四十円で売られた」、少し空いて、「そのことを訴状にも書いていました」、このように書かれてますね。

櫻井　…はい。

川上　それから、BSフジのプライムニュース、2014年8月5日放送、その部分の中でやはりその40円という記載の部分がありませんでしょうか。記憶はございませんか。

櫻井　……お示しいただけますか。

川上　（後出の甲第112号証の2を示す）3枚目、8分41秒の欄を御覧ください。ここでは、「この方は後に日本政府を相手取って裁判を起こして、裁判でも、自分が売られた」「と書いてある」、このような記載がありますね。

櫻井　はい。

川上　これは、先ほどのあなたの説明では、事実と間違いはないいんだということになるんですか、それとも、事実と異なることが述べられてるということになるんですか。

櫻井　ここも、私が40円で売られたということが訴状に書かれていたというふうに混乱していたことのもう一つの形だと思います。

川上　櫻井さんは、この最初に示した甲7号、WiLLの記事ですけれども、この記事を書いたときに十分に訴状を確認しなかった、だけでなくて、今お話ししたこの産経新聞の記事を書くときにも、月刊正論を書くときにも、そしてフジのプライムニュースでお話になるときもこの訴状を確認していない、このように理解してよろしいですか。

櫻井　十分に確認していなかったと思います。

川上　その都度、確認するのは難しい話ではありませんでしたね。

櫻井　…難しいということはどういうことでしょうか。

川上　そこから訴状を取り寄せるとか、そういう作業はいらなくて、櫻井さんの手元にあった訴状を開けばそれで確認できた、そういう意味で容易だったですね。

櫻井　…容易といいますか、すべきことだったと思います。

川上　私は、容易だったかどうか、すごい倉庫が北海道にあるんだとか、そういうことだったらなかなかこれは見れないんじゃないかというふうに私も思うんだけれども、御自身のお手元にあったならば、それを確認するのは容易だったんじゃないでしょうかというふうにお聞きしているんですが。

櫻井　容易であるかどうかは別にして、すべきことであったと思います。

川上　もう一度お聞きします。確認するのは容易でしたか。

櫻井　すべきであったと思います。容易であるかどうかということは、その人によって事情が違うと思います。

川上　分かりました。本当は、櫻井さんは、訴状に40円で売られたと書いていないことを御存じだったんじゃないですか。

櫻井　いえ、もしそのようにはっきりと自覚をしていたら、そのようには私は言ったり書いたりはしません。

川上　櫻井さん、あなたは、訴状というものには原告に一番有利な事柄が記載されているのは、そういう認識をお持ちでしたね。

櫻井　はい。

川上　だとすると、この甲7号証の論文も、そういう有利なことを書くはずの訴状に継父に40円で売られた、継父に人身売買されたんだという内容の記載があると述べることによって、読んだ方に、間違いなくそういうことがあるんだと思わせようとしたのではありませんか。

櫻井　それは、そのように思って書いたり言ったりしたことではありません。

川上　間違いないですね。

櫻井　そのように思って、言ったり書いたりしたということはありません。

《櫻井は、重要な記述を確認作業もせずに行ってきたことを認めた。では、それは単純なミスなのか。「訴状」に書かれていないことを知っていて、読者にそう思わせようとしたのではないか。川上はそのような疑念をぶつけたが、櫻井は否定した》

川上　さて、先ほど、これはもう正すところは正すんだ、直すんだということをお話になられました。このことを知ったのは、すなわち、訴状に40円という記載がないということを知ったのはいつのことですか。
櫻井　この前のこの札幌で御指摘を頂きまして、そのときに初めてきちんと気が付きました。
川上　あなたは、正すところは速やかに正すんだというふうにおっしゃいましたね。
櫻井　はい。
川上　あれから1年が経過しようとしていますが、いまだに正されておりませんね。
櫻井　(うなずく)
川上　でも、これから正される、こういうことですね。
櫻井　はい、そのようにいたします。
川上　正す方法なんですが、今、相手方のいることだから確約はできないにしても、正し方としてはWiLL誌上でということを考えておられますね。
櫻井　それは、WiLL誌上は考えております。ただし、ここにお示しになった産経もおありでしょうし、それは考えさせていただきたいと思います。私にとっても相手のあることですので。
川上　そうですね、相手があるから約束はできないけれども、WiLLに…。
櫻井　正すということはお約束したいと思います。
川上　それは月刊正論についても同様だというふうに考えてよろしいですか。
櫻井　はい。
川上　フジプライムニュースに関しても同様だというふうに考えてよろしいですか。
櫻井　放送の場合はどのようにしたらいいのか考えなければならないと思います。

《「WiLL」と産経新聞は、櫻井の発言を受けて、それぞれの誌紙面に訂正を掲載した。ただ、その訂正にはまだ事実誤認が含まれている》

川上　続いて、先ほど、いろいろ記憶が、いろんな知識があったもんだから出典を誤ったんだという言い方をされましたね。
櫻井　はい。
川上　何に書かれていたかというと、臼杵さんの論文に書かれていたんだということが、1つ、お話になられましたね。
櫻井　はい。
川上　で、先ほど引用された部分で、間違いなく40円で売られたというふうに書かれてましたもんね。

櫻井　はい。

川上　この臼杵さんの論文の入手時期は、これが発行されたのが１９９２年の1月5日発売ということなもんですから、その頃というのが先ほどのお話で出てきたというふうに理解してますが、よろしいですか。その日じゃなくてもいいんですよ。

櫻井　先ほど、植村さんも時期を聞かれて覚えていませんということを連発しておられました。私は、この臼杵さんの論文についても、何年何月何日という記憶は正直ないんですけれども、比較的、その臼杵さんの雑誌が出てから、そんなに時がたってはいなかったという記憶があります。

川上　最後の一文だけで結構でございました。この臼杵さんの論文、臼杵さんはこの慰安婦に関して左寄りの考えを持っておられるというようなことをおっしゃいましたが、この経緯に関しては、書かれてることは間違いないんだと先ほど証言されましたね。

櫻井　そのように書いてるということを認識いたしました。

川上　だから、そこに書いてあることは正しいんだというふうに理解されたんですね

櫻井　そのように書いているのであるから事実であろうと認識をいたしました。

《櫻井の「40円で売られた」との記述は、臼杵敬子が「月刊宝石」１９９２年2月号に書いた記事から引用したもので、その出典を誤ったのだ、と櫻井は釈明する。しかし、「40円で売られた」との記述は、「月刊宝石」と、明石書店の『証言集』以外にはない。金学順の共同記者会見を報じた韓国紙にもない》

川上　この臼杵さんの論文以外に、40円で売られた、この40円という具体的な数字を入れた何か文献のようなものは、櫻井さん、ほかに御存じですか。ちょっと前提を言いますが、金学順さんが話したことを記載されているものということですけれども。又聞きとか、別な人の論文にこういうふうに書いてあったというような引用じゃなくて、金学順さんがそういうふうに40円で売られたという趣旨の発言をしている何か文献は御存じですか。

櫻井　金学順さんが、直接。

川上　そうです。

櫻井　その取材者に対してということですか。

川上　そうです。

櫻井　それは臼杵さんだけだったと思いますが…、だと思います。

川上　例えば、金学順さん、先ほどから話題に上がっている91年の8月14日の共同記者会見というのがありましたが、そこでは40円で売られたということは述べていないという理解でよろしいですね。

櫻井　はい。

川上　それは、最近そういうふうに知ったというわけじゃなくて、ずっと前からこの共同記者会見で40円とは述べていないということは知っていたんですね。

櫻井　…ずっと前からというのはいつからですかね。

川上　いやいや、どこかの時点で、見方が変わったならばそう言っていただければいいんだけれども、共同記者会見のことを知ってから以降、どこの時点でも結構ですが、40円というふうに述べているんだというふうに思った時期はございませんね。

櫻井　40円ということを述べているんだということは、臼杵さんに述べているわけですから、事実として私の知識の中にはずっとありました。

川上　それは十分理解しました。共同記者会見の中で40円と述べていないというのは、一貫して、あなたの認識でよろしいですか。

櫻井　記者会見の中で述べていないことは事実であります。

川上　あなたの陳述書では、ハンギョレ新聞などは確認したんですよということが書かれていますね。（乙イ第2号証を示す）ハンギョレ新聞の反訳文の2枚目を示したいと思います。裏側の、上段数行のところに経緯が書いてあるんですけれども、ここには40円の記載がないということでよろしいですね。

櫻井　……はい、ここに書いてあるのはありません。

川上　（甲第59号証の2を示す）それから東亜日報、4段目、ここに従軍慰安婦になった経緯が記載されているんですけれども、ここにも売られたとか、40円という記載はございませんね。

櫻井　……はい、ここにも売られたとは書いていません。

川上　（甲第60号証の2を示す）京郷新聞の反訳文、60号証の2の3段目を示します。ここにも、売られたとか40円という記載はありませんね。

櫻井　はい、ありません。あっ、ここ。

川上　ありましたか。

櫻井　いえいえ、ありません。売られたという記載はありません。

川上　（甲第61号証の2を示す）朝鮮日報の反訳文、甲61号証の2の3段目を示します。ここには、売られたという言葉は出てきますね。
櫻井　はい。
川上　ただ、40円という記載はありませんよね。
櫻井　はい。
川上　この1991年8月14日の共同記者会見を報じた4紙、このいずれにも40円という記載はない。で、櫻井さん自身も、この共同記者会見で40円という発言が金学順さんからなされたということはないという認識でおられたということでよろしいですね。
櫻井　今あなたが御指摘したとおりだと思います。
川上　では、2014年頃、幾つも論文を発表されてますが、この論文ア《「WiLL」2014年4月号》を記載された当時も、8月14日の共同記者会見では40円で売られたというふうに金さんが発言してないという認識でおられたということになりますね。
櫻井　記者会見ではそうですが。
川上　櫻井さんは、いろいろなところで文章を書かれているし、いろいろなところで発言されているので、一つ一つは御記憶ないかもしれないけれども、フジのプライムニュースで、金学順さんが8月14日の共同記者会見で40円で売られたんだと述べていますと、発言された記憶はありませんか。
櫻井　お示しください。
川上　（後出の甲第112号証の2を示す）反訳文3枚目。7分19秒の欄を示します。「91年の8月14日にですね、ソウルで記者会見したんです。私の名前は、きんがくじゅんです、というちゃんと実名を名乗って、しかも彼女は14歳で親に売られてキーセンに行きました、と。17歳でもう1回売られましたと。値段は40円でしたということを、ちゃんとこういってるわけですよね。」、あなたはこう発言したのではありませんか。
櫻井　このテープ起こしを見れば、そのように発言しておりました。

《この発言場面は、2018年10月末現在、ネット上にアップされたままである。この中で櫻井は薄笑いを浮かべながら、「こうしたことを知らないで四半世紀も放っといたんですか」とも語っている》

川上　あなたは、やしきたかじんのそこまで言って委員会2014年9月放送分の中で、やはり、共同記者会見で40円で売られた旨の発言をしていませんか《正しい番組名は「たかじんのそこまで言って委員会」》。

野中　異議があります。余りに関連性が明らかじゃないですのが。

裁判長　関連性はあると思いますので尋問を続けてください。

川上　やしきたかじんのそこまで言って委員会の9月放送分の中で、記者会見の中で40円で売られたという発言をした記憶はございませんか。

櫻井　私はそのことをはっきりと記憶はしていませんけれども、川上さんが先ほどからお示しになっているのを見ると、私がきっと言っているんでしょう。

川上　14歳のときに売られました、40円でした、という発言をしている可能性は否定しないということですね。

櫻井　お示しくだされば確認いたします。

川上　（後出の甲第113号証の2を示す）5枚目を示します。9分55秒の欄を示します。「8月14日にソウルで金学順さんが記者会見しているわけです、多くの記者の前で。」「私は家が貧しくて母親に14才の時に売られましたと。40円でしたと。」、そしてここで、「17才の時にまたキーセンの置屋のお父さんにまた売られましたと言っているんですね。」、こういう記載になっています。ここにこういう反訳文があるということは、我々の反訳がうそを書いていない限りは、こういう発言をしているのではないかということで理解してよろしいですか。

櫻井　はい、結構です。

川上　ということは、ここで述べたことは明らかな間違いだということになりますね。

櫻井　はい、40円に関しては、そのとおりです。

川上　しかも、あなたは、この2014年当時、共同記者会見の中で40円で売られたと金学順さんは話していないという認識を持っておられたと、先ほど認めておられましたね。

櫻井　その金学順さんが話していなかったということをどこまではっきり認識していたかということは、今になっては分かりません。どのくらいはっきり自分の頭の中で、彼女が記者会見でこのようなことを言ったのか言わなかったのかということを明確に区別していたのかは、ちょっと今は分かりません。

川上　だから、明確にされていたら、それはうそだということになっちゃうものね。

櫻井　意図的にうそをつくということは私はいたしませんので、間違っていたら訂正しますけれども、私の頭の中で、彼女が40円で売られたということを臼杵さんに言った、そのことが非常に強い印象となって自分の頭の中にあって、訴状とも取り違えていたということだと思います。

川上　臼杵さんの論文がとても印象的だったので、訴状にも書いてあったような気がしていたし、共同記者会見でもしゃべったような気がしていたかもしれない、こういうお話でしょうか。

櫻井　はい。

川上　本当に訴状を確認したことはありますか。

櫻井　はい、あります。

川上　本当は、西岡さんなんかがそういうことを言っていたり書いたりしているから、訴状の原文を確認しないで、あなたはそう思い込んだのではありませんか。

櫻井　違います。

川上　読んだのに、間違えたんですね。

櫻井　はい、96年、97年当時に読みました。で、それを…。

川上　それで結構です。先ほどからもお話しになられていましたが、40円で売られたというふうに訴状には書いていないとしても、養父に売られたんだということは事実なんだ、このように何度もお話しになっておられますね。

櫻井　……検番の主人のことを彼女も私たちも養父と言っているわけですが、この検番で育てた女性たちを、検番の養父は三日三晩掛けて中国に連れていって、日本軍の部隊の前で引き返しているわけですね。ここにある種の商行為があったのではないかと、常識に基づいて考えたところから、そのように言ったと思います。

《「訴状」を確認した、と櫻井は明言した。しかし、「養父にだまされて」という「人身売買」説の根拠となる記述も「訴状」にはない。川上の追及が核心に迫るにつれ、櫻井の声は細くなっていく》

川上　あなたの陳述書の中でも、訴状には、その後、養父にだまされて慰安婦とされた経緯が記載されていましたというふうに述べておられますね。御記憶ありますか。

櫻井　はい。

川上　2か所もあって、もう1か所でも、訴状には、その後、養父にだまされて慰安婦となった経緯が書かれているんだとなっているんですけども、現在の認識でも同じだということですね。

櫻井　……はい。

川上　（乙イ第43号証の1を示す）訴状の50ページの末行を示します。この末行に、金学順さんのことですよという記載が、スタートがあって、その次のページの1行目から11行目に掛けて、この金学順さんの生い立ちやら慰安婦になった経緯などが記載されています。もちろん、櫻井さんも何度もお読みになっている文書なので当然お分かりと思います。この中で拾い読みをしてみます。1939年17歳の春、そこに行けば金もうけができると説得され、養父に連れられて中国に渡った、軍人しか乗っていない軍用列車に3日間乗せられた、鉄壁鎮というところに着いた、鉄壁鎮へは夜着いた、養父とはそこで別れた、部屋に入れられ鍵を掛けられた、そのとき初めて、しまったと思った。櫻井さんの中で、いや、ここを落とすのはおかしいよというところがあれば付け足しますが、全文読むのが迂遠だったものですから拾い読みしました。さて、訴状に、養父にだまされたとの記載はありますか。

櫻井　養父にだまされたという記載は、ここにはありません。

川上　同じように、養父にだまされて慰安婦とされたとの記載はありますか。

櫻井　直接的にそのような記載はありませんけれども、ここに書かれている文章の意味には、そのような、だまされたというのがあります。

川上　訴状に、だまされたという単語もありませんね。

櫻井　私が申し上げたのは、ここに書かれている文章の意味において、だまされたというニュアンスがありますという意味です。

川上　で、私の質問は、だまされたという単語はありませんねという質問なんですが。

櫻井　そのとおりです。

川上　「養父とはそこで別れた」という記載はあるんですが、別れた理由は直接的には記載されていませんね。

櫻井　はい。

川上　「『しまった』と思った。」という記載はありますが、なぜ、しまったと思ったのかという理由の記載はありませんね。

櫻井　彼女は直接的には書いていませんが、ここで推測することは十分可能だと思います。

《刑事事件を得意とする川上の尋問は、物腰は柔らかいが内容は厳しく、しかも緻密に組み立てられている。

書評掲載情報

◉九条の会　飯田洋子 著

8/10 共同通信配信記事

大きな共同生む組織論
九条の会
飯田洋子 著

本書は、大手マスコミがあまり伝えない「九条の会 」の活動を分析し、その社会運動としての新しさと可能性を解明する社会学者の労作である。元はハワイ大学に提出された博士論文だが、運動の展開と背景が当事者のインタビューを交えて描かれており、実証的かつ一般読者にも読みやすい。

日本国憲法９条の理念は、政権を握ってきた改憲派により実質的にじゅうりんされてきた。とはいえ、一方的に空洞化されてきたわけではない。平和運動や基地反対闘争が条文空洞化に立ちはだかり、自衛隊の活動を専守防衛の範囲に閉じ込めきた。ところが、1990年代、自衛隊の海外派兵を狙いとする明文改憲の動きが表面化し、2000 年には衆参両院に憲法調査会が設置された。かつてない規模と強さで台頭してきた改憲の動きに反対する大江健三郎、加藤周一ら９人の知識人が 04 年 6 月 10 日「九条の会」を発足させる。

その運動は、本書が活写するように ９ 条擁護を一致点とすることで、「60 年安保」闘争以来、全国的な共同の実現をみなかったさまざまな市民運動や政党間の対立、部分的には左右の対立さえも超え、短期間のうちに全国の地域や職場などの 7500 もの組織によって担われることになった。

9条改憲反対の世論が回る‹どの運動の成果は、条文そのもが持つ求心力にあずかっているとは間違いない。ただそれに加え運動に参加する自立した諸個の真摯な努力と、それを生かすたの司令塔を持たない水平的な織のネットワーク構造が関わっていることを本書は明らかにする。

さらに反原発や立憲主義擁の運動などとも連帯し、今日、野の共同を促進する大きな力の一である「9 条の会」の姿を本書伝える。それによって、この一冊解説文を寄稿した小森陽一の摘通り同会の「クリアリング・ハス（情報支援所）」的存在とな主権者一人一人が「憲政史上悪」と言われた第 196 回国会会後のこれからを考える手掛にもなろう。

（村田尚紀・関西大教

◉ポピュリズムと司法の役割　斎藤文男 著

6/30 朝日新聞書評掲載　「中高生でも理解できるやさしいタッチで書かれた良書。しかし、その批判と問いかけは鋭く、重い」　斎藤美奈子（文芸評論家）評

〒101-0065　東京都千代田区西神田2-5-11 出版輸送ビル2F

電話　03-3263-3813　FAX　03-3239-8272

E-mail　info@kadensha.net／　ホームページ　http://www.kadensha.net

好評既刊本

マッドジャーマンズ ドイツ移民物語
ビルギット・ヴァイエ 著
山口侑紀 訳　1800円＋税
●移民問題に揺れる欧州。ドイツに衝撃を与えた社会派コミック。
A5判変型並製 978-4-7634-0833-4

小説 司法試験
霧山 昴 著 1500円＋税
A5判並製 978-4-7634-0853-2
合格にたどりついた日々 ●伊藤真弁護士推薦！「受験生に大きな勇気と指針を与えてくれます。」

マンガの「超」リアリズム
紙屋高雪 著 1500円＋税
四六判並製 978-4-7634-0852-5
●人気マンガからシャカイが見えてくる！ 描き込まれた「欲望や本音」との上手な付き合い方。

自閉症と刷り込み
白石 勧 著 2000円＋税
四六判並製 978-4-7634-0851-8
こうすれば自閉症は防げる ●自閉症は、遺伝子でも育て方の問題でもない。「刷り込み」の障害によって生じる。

吉野ケ里遺跡にメガソーラーはいらない
「吉野ケ里遺跡にメガソーラーはいらない」ブックレット編集委員会
世界遺産登録に向けて ●移転を求めるたたかいの記録。 1000円＋税 A5判ブックレット 978-4-7634-0850-1

中国の夢
矢吹 晋 著 2000円＋税
A5判上製 978-4-7634-0849-5
電脳社会主義の可能性 ●中国の勃興と日本の危機。壮大な夢は実現できるか？IT革命からET革命へ。

長期法則とマルクス主義
大西 広 著 2000円＋税
A5判上製 978-4-7634-0848-8
右翼、左翼、マルクス主義 ●常識を問い直す、自由派マルクス主義の歴史観と現状分析。慶大経済の人気講義。

権力vs市民的自由
韓永學、大塚一美、浮田哲 編
2500円＋税
表現の自由とメディアを問う ●ジャーナリズムに問われているものは何か。
四六判並製 978-4-7634-0847-1

保育を深めるための心理学
鈴木敏昭、村上涼、松鹿光、加藤孝士 編　1800円＋税
●新「保育所保育指針」(平成30年施行)に完全対応。
A5判並製 978-4-7634-0846-4

江戸時代の小食主義
若井朝彦 著 1500円＋税
四六判並製 978-4-7634-0843-3
水野南北『修身録』を読み解く ●貝原益軒『養生訓』と並び立つ指南書『修身録』。人生を左右する「小食主義」とは?

まちの賑わいをとりもどす
中野恒明 著 2000円＋税
A5判変形並製 978-4-7634-0829-7
ポスト近代都市計画としての「都市デザイン」 ●欧米の先進事例から学ぶ、これからの都市再生。

都市をたたむ 人口減少時代をデザインする都市計画
饗庭 伸 著 1700円＋税
四六判並製 978-4-7634-0762-7
●フィールドワークでの実践を踏まえて縮小する都市の"ポジティブな未来"を考察。

ちょっと待った！その言葉

安井二美子 著
1500円+税　四六判並製
978-4-7634-0866-2

あなたのその言葉、本当に大丈夫？

政治家の失言から使い慣れたあの言葉。言語学者がやさしく描く、言葉が映しだす現代日本。

核実験地に住む

カザフスタン・セミパラチンスクの現在

アケルケ・スルタノヴァ 著
2000円+税 A5判並製
978-4-7634-0863-1

「わき上がってくるキノコ雲とまぶしい光を見た」
ソ連で行なわれた 456 回の核実験。セミパラチンスク出身の著者によるフィールドワーク研究。

人生を豊かにするスマホとの付き合い方

シニアのための、いちばんやさしいスマホの本

石川結貴 著　1200円+税
四六判並製　978-4-7634-0862-4

本当に知りたかったスマホの基本が、これ一冊でわかる！
シニア世代ならではのスマホ活用法、教えます。

美容整形というコミュニケーション

社会規範と自己満足を超えて

谷本奈穂 著　1600円+税
四六判並製　978-4-7634-085

人はなぜ美容整形をするのか
従来の社会規範や自己満足といった議論を超え、新たなパースペクティブと多角的考察を通して、私たちの身体観に迫る。

「共感報道」の時代

涙が変える新しいジャーナリズムの可能性

谷 俊宏 著　1500円+税
四六判並製　978-4-7634-0857-0

時代が求めた新たな報道のパラダイム
なぜ、報道人は号泣したのか
東日本大震災、御岳山噴火、熊本地震……そこには響き合う心があった。

SGS管理栄養士国家試験過去問題&解説集 2019

SGS総合栄養学院 編
2600円+税　B5判並製
978-4-7634-0856-3

合格への決定版！
合格実績 No.1予備校が贈る管理栄養士国家試験過去問題&解説集の最新版。2019年度国家試験に完全対応！

731部隊と戦後日本

隠蔽と覚醒の情報戦

加藤哲郎 著　1700円+税
四六判並製　978-4-7634-0855-6

ゾルゲ事件、731 部隊、シベリア抑留――
明るみに出た731部隊3607人の名簿。すべてが絡み合う戦争の記憶。

ポピュリズムと司法の役割

裁判員制度にみる司法の変質

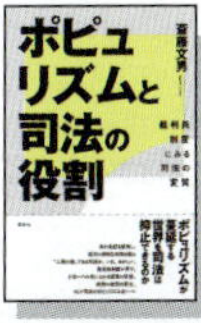

斎藤文男 著　1500円+税
四六判並製　978-4-7634-08

ポピュリズムが蔓延する世界で司法は抑止できるのか
法の支配を堅持し、権力の抑制と均衡を図る“人権の砦”である司法が、いま、おかしい。

生徒を諭すような教師口調を交えつつ、川上はもうひとつの核心へと移っていく。「金学順さんは自身のことを挺身隊とは一度も言っていない」との櫻井の主張は真実なのか？》

川上　櫻井さんの御見解は分かりました。次に、論文オ、甲第11号のダイヤモンドの２０１４年10月18日号についてお尋ねします。尋問の迅速化を図るために、まず文書を示します。（甲第11号証を示す）３枚目の下段の15行目を示します。「植村氏が捏造ではないと言うのなら、証拠となるテープを出せばよい。そうでもしない限り、捏造だと言われても仕方がない。」と、このように書いていますね。

櫻井　はい、そうですね。

川上　なぜ、テープを出さない限り捏造だと言われても仕方がないかという、その理由について、４行目に記載があります。これは金学順さんがという意味ですが、「私の知る限り、一度も、自分は挺身隊だったとは語っていない。」、それから９行目に移りますが、「彼女は植村氏にだけ挺身隊だったと言ったのか。しかし、他の多くの場面で彼女は一度も挺身隊だと言っていないことから考えて、この可能性は非常に低い」、これが理由なんですね。

櫻井　ここは説明をさせてください。彼女が挺身隊だと言ったことがないというのは、女子挺身隊として戦場に連行されたという意味での、挺身隊ということでありません。彼女は、女子挺身隊として戦場に連行されたとはほかにはどこでも言っていません。そういう意味です。

川上　ただ、この文章ではそういうふうには書かれていなくて、「自分は挺身隊だったとは語っていない。」というふうになっていますね。

櫻井　私の意味するところは、女子挺身隊として戦場に連行されたということを意味しております。

川上　櫻井さんがどういう意味で書かれたかは別にして、文字としては、文章としては、私がお話ししたとおりですね。

櫻井　見解の相違です。

川上　見解が相違しているのは、はなから分かっておりました。今の御発言は、金学順さんはいろいろな場面でいろいろお話ししているけれども、その中では、挺身隊なんだと、自分は挺身隊なんだという限りでは発言しているんだ、こういうことはお認めになるということでよろしいですか。

櫻井　挺身隊というのを、韓国で使われている、慰安婦という言葉の代わりとして挺身隊と言っていることはありますね。

川上　それを確認させてください。（乙イ第2号証を示す）先ほどから出ているハンギョレ新聞の反訳文なんですけれども、その反訳文の2枚目を示します。この中では挺身隊という言葉が使われていないと私も思うんですけれども、それは確認できていますか。

櫻井　これはハンギョレですね。

川上　そうです。で、自分は挺身隊だというふうには言っていませんね。

櫻井　はい。

川上　あなたは、このハンギョレ新聞の記事から、8月14日の共同記者会見では金さんが自分のことを挺身隊だとは言っていないんだ、そういう認識をお持ちではありませんか。

櫻井　いいえ。私がダイヤモンドで書いた、挺身隊と言っていないという根拠は、別にこれではありません。

川上　それでは、挺身隊だというふうに…。

櫻井　もう一回質問してください。

川上　このハンギョレ新聞の反訳文を御覧になっているというお話だったものですから、8月14日の共同記者会見では金学順さんは挺身隊だと言っていないんだという認識をお持ちなのではありませんか。

櫻井　はい、言っていませんね。失礼しました。

川上　そういう認識でいいんですか。要するに、8月14日の共同記者会見では金さんは自分のことを挺身隊だと言っていたと思っているのか、言っていないと思っているのか。櫻井さんの認識を、まず、お聞きします。

林　今質問でおっしゃっている、挺身隊だと言っていたというのは、韓国語でチョンシンデと言ったかどうかという意味でしょうか。それとも、女子挺身隊という、日本の挺身隊として言ったという認識、どっちを聞いていらっしゃいますか。

裁判長　前提が明らかにならないという御主旨ですね。恐らく、韓国のチョンシンデという趣旨のことをお尋ねしているのではないかと私は思いますが。

川上　私は朝鮮の新聞にどう書かれているのかということを前提にしていますから、当然、そのような趣旨でございます。

櫻井　ここで非常にややこしいのは、韓国でチョンシンデ、日本語で挺身隊が、慰安婦の意味で使われていた。それは事実です。しかし、日本語にして、日本で私たちが論ずるときの挺身隊というのは全く別物ですね。私が、なぜ植村さんに責任があるとずっと言っているかというのは、挺身隊、女子挺身隊という言葉を使って、日本の挺身隊の制度そのものが、あたかも慰安婦の、これは吉田清治の言葉ですけれども、狩り出しと結び付けられてしまっているのではないか、その具体的事例として金学順さんを出してきたのではないかと、そこはおかしいでしょうということをずっと言っているわけですね。金学順さんやほかの人たちが、チョンシンデと、時に使って、慰安婦だったということを言っているのは、事実としてあります。

川上　もう一度質問をしますのでお答えいただきたいんだけれども、8月14日の共同記者会見で、金学順さんは、韓国におけるチョンシンデという発言を自らについてしたという認識ですか、していないという認識ですか。

櫻井　ここではしていませんね。

川上　していないですね。

櫻井　はい。

川上　チョンシンデと言っていない、それが櫻井さんの認識ですね。

櫻井　今改めて認識を強くいたしました。

川上　今強くされても困るので、その当時、当時というのはこの論文を書いた頃、どういう認識でしたかというふうに聞いているんですが。

櫻井　韓国の様々な新聞で彼女がどういう報道のされ方をしていたかということは、今いろいろな新聞をお示しになりましたけれども、全部クリアに頭の中に分けて入っているわけではありませんね。韓国では彼女は、時にチョンシンデという言葉を使っていたし、記者会見で言わなかったかもしれないし、でも、ほかで使っていたかもしれないというふうに、金学順さんのおっしゃることが時と場所によって多少変わってきていることも確かであります。

川上　ですから、私の質問にはイエスなんでしょうか、ノーなんでしょうか。共同記者会見では彼女はチョンシンデということを、一般論ではなくて自分について、チョンシンデという発言をされたという認識でいるのか、認識でいないのか。認識の時期は、論文を書いた頃、2014年の頃という質問なんですが、お分かりいただけますか。

櫻井　その認識が、彼女が今お示しいただいたのを見ると明らかに言っていませんけれども、それが非常にクリアであったかどうかということについてはちょっと自信がありません。

《櫻井は、金学順が慰安婦にされた経緯を語った共同記者会見の内容を取材、調査、確認していないのではないか。櫻井の答えからはそのような疑いが浮かんでくる。あいまいな答えを繰り返す櫻井に、川上は証拠を突きつづける》

川上　（甲第59号証の2を示す）東亜日報の反訳文を示します。本文1行目です。「挺身隊慰安婦として苦痛を受けた私が」という記載があるのは分かりますね。

櫻井　はい。

川上　（甲第60号証の2を示す）京郷新聞の反訳文を示します。本文5行目、「記者会見に現れた彼女は、『やられたことだけでも身震いがするのに、日本人が挺身隊という事実自体がなかったと言い逃れをすることにあきれ証言することになった』と明らかにした。」、こういう記載がありますね。

櫻井　はい。

川上　（甲第61号証の1、2を示す）甲第61号証の2、朝鮮日報の反訳文を示します。見出しとして、チョンシンデ、「挺身隊の存在、私が証明します」、こういう記載がありますね。

櫻井　はい。

川上　甲第61号証の1、朝鮮語の原文のほうですけれども、その見出し部分に、「挺身隊」の文字が記載されているのが理解できますね。

櫻井　はい。

川上　戻って、甲第61号証の2です。最終段落に、「韓国政府が1日も早く挺身隊問題を明らかに」しているという記載があることが分かりますね。

櫻井　はい。

川上　次に、恐らく、先ほど櫻井さん自らもお認めになったように、金学順さんの話というのは時と場所によって話すことが少しずつ変わっていたりするという認識をお持ちでしたね。

櫻井　はい。

川上　そして、8月14日の共同記者会見でも、韓国の報道を先ほど確認していただいたのでお分かりのとおり、恐らく、自分のことを、向こうの言葉でチョンシンデ、慰安婦という趣旨で発言されているということは確認できましたね。

櫻井　えっ。

川上　疑問ですか。

櫻井　もう一回言ってください。

川上　今、東亜日報と京郷新聞と朝鮮日報の記事を見ていただきました。反訳文を見ていただきました。そこで、自らのことを挺身隊、チョンシンデという意味で発言されているということは確認できましたよね。

櫻井　はい。

川上　そうすると、植村さんが8月11日にそのテープを聞いたという話なんだけれども、そのテープの中で、チョンシンデというふうに彼女が発言した可能性は否定できませんね。

櫻井　私はそのことを否定していません。ただし、私が問題にしているのは、女子挺身隊の名で戦場に連行され日本軍人相手に売春を強いられたと、この金学順さんの来歴を植村さんは書いている。しかし、その内容を彼女はほかのどこでも言っていないということです。チョンシンデということは言ったかもしれませんけれども、女子挺身隊の名で戦場に連行され日本軍人相手に売春を強いられたと、ほかのどこでも言っていません。そのことは強調したいと思います。

《はい、はい、はい、を7回繰り返した櫻井は、川上の質問が途切れると、得意の論点のすり替えを始める。川上は時間を惜しみ、先へ急いだ》

川上　次の質問に行きます。金学順さんが慰安婦となった経緯、これが連行と言えるのかどうか、あるいはだまされたのかどうかといったことについて、櫻井さんは論文の幾つかの中で触れられていると思います。（甲第8号証を示す）論文イ、週刊新潮の14年4月17日号です。左ページの3段目の12行目を示します。植村氏はという趣旨ですが、「日本が強制連行したとの内容で報じた」というふうに記載されていますね。

櫻井　はい。

川上　もちろん、櫻井さんはお分かりと思いますが、植村さんの記事A《1991年8月11日付朝日新聞大阪本社社会面掲載》では、連行とは書いているけれども、強制連行とは書いていないということは、もう十分自覚されておりますね。

櫻井　文字そのものはそうですけれども、意味は、強制連行だと取られても仕方がないと思います。なぜならば…。

川上　理由は結構です。だから、連行と書いてあったとしても、これは強制連行の趣旨で書かれているんだと、こう理解をしていますよという理解でよろしいですね。

櫻井　はい。

川上　（甲第9号証を示す）論文ウ、週刊新潮の14年10月23日号、右ページの4段目の末行から左ページに掛けてです。「この女性、金学順氏は女子挺身隊の一員ではなく、貧しさゆえに親に売られた気の毒な女性である。」と、こういう記載になっていますね。

櫻井　はい。

川上　（甲第10号証を示す）論文エ、週刊ダイヤモンドの２０１４年9月13日号、３枚目の2段目、４行目を示します。「若い少女たちが強制連行されたという報告の基となったのが『朝日新聞』の植村隆記者（すでに退社）である。」、このような記載がありますね。

櫻井　はい。

川上　櫻井さんは、強制連行ではないんだというお考えなんですよね。

櫻井　……。

川上　金学順さんを含めた方々、まあ金学順さんに限定してもいいです、彼女は強制連行されたわけじゃないんだという理解でおられるんですよね。

櫻井　彼女の来歴を見ると、そのように私は考えています。

川上　その来歴なんですけれども、先ほど、臼杵さんの論文を紹介させていただきました。この論文は主尋問でも引用されていましたし、陳述書の中でも紹介されておりました。この生い立ち、経歴というところについては、これはもう事実が書かれているんだろうと思っています。いいお話でした。（乙イ第31号証《「月刊宝石」１９９２年2月号》を示す）臼杵さんの論文、２７８ページ、下段を示します。櫻井さんが陳述書で引用したり、先ほど主尋問で引用したのが、10行目からのところで、「その後平壌にあった妓生専門学校の経営者に四十円で売られ、養女として踊り、楽器などを徹底的に仕込まれたのです。ところが、十七歳のとき、養父は『稼ぎにいくぞ』と、私と同僚の『エミ子』を連れて汽車に乗ったのです。着いたところは満州のどこかの駅でした。」、ここまで引用されています。これが17行目の途中までです。で、その後があるんですよね。その後を読みます。「サーベルを下げた日本人将校二人と三人の部下が待っていて、やがて将校と養父との間で喧嘩が始まり『おかしいな』と思っていると養父は将校たちに刀で脅され、土下座させられたあと、どこかに連れ去られてしまったのです。」と、こういう記載になっていますね。

櫻井　はい。

川上　櫻井さんがなぜそこを引用しなかったのか、私はよく分かりませんが、この記載全体を見て、親にだまされたとか、親に売られたという内容は記載されていますか。

櫻井　ここには、親に、「妓生専門学校の経営者に四十円で売られた」と書いてあります。

川上　それは、14歳のときにキーセン専門学校に行くときですね。私がお聞きしているのはそこじゃなくて、17歳のときに慰安婦にさせられたという経緯のところをお聞きしています。そこに、親にだまされて慰安婦にさせられたんだとか、親に売られて慰安婦にさせられたんだとか、そういう記載はありますか。

櫻井　親ではありませんけれども、この場合は、養父が稼ぎに行くぞと言って連れていったわけですから、売ったのは養父だというふうに推測をいたしました。

川上　キーセンを出た人が稼ぎに行くぞと言ったら、それは売春婦になるんだ、そういう意味で櫻井さんはお考えなんですか。

櫻井　全部が全部そうではないかもしれませんけれども、当時の状況を考えると、そのような推測をすることは不可能ではないと思います。

川上　ただ、文字としては、養父でも親でも継父でもそれこそいいのですが、だまされたとか、だまされて売られたとか、売られたという表現は使われていませんね。

櫻井　使われていませんけれども。

川上　（乙イ第2号証を示す）ハンギョレ新聞の反訳文の2枚目を示します。4行目です。「3年間の検番生活を終えた金さんが初めて就職だと思って、検番の義父に連れられていった所が、華北のチョルベキジンの日本軍300名余りがいる小部隊の前だった。『私を連れて行った義父も当時、日本軍人にカネももらえず武力で私をそのまま奪われたようでした。』」、ここにも、義父でも養父でもいいんですが、親にだまされたとか、親に売られたとか、そういう記載はありませんね。

櫻井　ここには、ありません。

川上　ハンギョレ新聞への確認、これは親に売られたんじゃないか、だまされたんじゃないかというようなことを、確認されたことはありますか。

櫻井　もう一回言ってください。

川上　この反訳文は御覧になっているということなので、これを見て、ハンギョレ新聞のほうに、金さんはこの8月14日の共同記者会見の中で親に売られたとか親にだまされたとかいう発言はしていませんかという趣旨で、確認をされたことはありませんか。

櫻井　ハンギョレ新聞には確認はしていません。

川上　櫻井さん側は、今の乙イ第2号証で、ハンギョレ新聞について反訳文を証拠として出されていますね。

櫻井　はい。

川上　そのほかに、わざわざ乙イ第27号証で別な反訳文を出されているんですが、この経緯について櫻井さんは御存じですか。

櫻井　……。

川上　（乙イ第27号証を示す）この反訳文を出された自覚はありますか。

櫻井　クリアには思い出せませんけれども、出しました。

川上　その理由は分かりませんね。

櫻井　この理由は……。

川上　被告代理人、証言台のところにいるのはいいですが、指示するかのようなしぐさをはやめてください。誤解を招きますよ。

野中　めくっただけです。

櫻井　この反訳をここに一緒に出したのは、明らかな理由は分かりません。

《櫻井は言葉に詰まり、野中は助け舟を出そうとする。川上は持ち時間が少なくなったため追及を避けたが、ハンギョレ新聞の反訳文が2通りあることには、深い事情があった。植村弁護団は、結審にあたって提出した「最終準備書面」で次のように指摘している。

――被告櫻井は、自身で提出したハンギョレ新聞の反訳文に「私を連れて行った義父も当時、日本軍人にカネももらえず武力で私をそのまま奪われたようでした」と記載されているものを提出した（乙イ2。下線は、原告訴訟代理人らによる）。その後、当該部分につき、「私を連れて行った義父も当時日本軍人にお金ももらえず、強引に私を取られたようでした」とした反訳文を、わざわざ提出し直している（乙イ27）。被告櫻井は、強制連行を意味する「武力で奪われた」との記載をあからさまに削除しているのである》

川上　（甲第24号証《北海道新聞1991年8月15日付》を示す）北海道新聞を示します。ここにも経緯が書かれていますので、確認したいと思います。本文4段目の3行目、「養父と、もう一人の養女と三人が部隊に呼ばれ、土下座して許しを請う父だけが追い返され、何がなんだか分からないまま慰安婦の生活が始まった」、こういう記載がありますね。

櫻井　はい、今、読みました

川上　ここにも、親にだまされた、養父にだまされた、養父に売られたという記載はありませんね。

櫻井　ここにはありません。

川上　（甲第60号証の2を示す）京郷新聞の本文3段目の3行目を御覧ください。「金ハルモニは、日本軍にとらえられ、従軍慰安婦として生活することになった。」、この経緯としてはこの程度しか書いていないんですけども、ここにも、親にだまされた、養父にだまされた、売られたという表現はありませんね。

櫻井　ここにはありません。

川上　（甲第65号証《産経新聞1991年12月7日付》を示す）産経新聞を示します。「日本政府は謝罪を」という見出しで始まる文章、ほぼ中央にあるところです。1段目の6行目、金学順さんが6日にリバティおおさかで記者会見したということが書かれていますね。

櫻井　はい、そうですね。

川上　で、2段目の5行目、「金さんは十七歳の時、日本軍に強制的に連行され」と、このような記載になっていますね。

櫻井　はい、そうですね。金さんの言葉として書いていますね。

川上　この内容も、親にだまされたとか売られたという記載はありませんね。

櫻井　はい。

川上　（甲第67号証《産経新聞1993年8月31日付》を示す）産経新聞を示します。右上の記事です。「人権考」という標題の記事になります。1段目の3行目、「国際電話をかけた。相手は朝鮮人の元従軍慰安婦、金学順（キム・ハクスン）さん」というふうに書いてありますから、国際電話を記者の方がかけたことが分かりますね。

櫻井　そうですね。

川上　2段目の3行目、「金さんは日本軍の目を逃れるため、養父と義姉の三人で暮らしていた中国・北京で強制連行された。十七歳の時だ。」、さらに、2段目の8行目に、「食堂で食事をしようとした三人に、長い刀を背負った日本人将校が近づいた。『お前たちは朝鮮人か。スパイだろう』そう言って、まず養父を連行。金さんらを無理やり軍用トラックに押し込んで一晩中、車を走らせた。」、このような記載になっていますね。

櫻井　はい。

川上　ここにも、親にだまされたとか親に売られたという記載はありませんね。

櫻井　……御質問にお答えすれば、そのとおり書かれているということなんですけれども、このような、慰安婦の方々の人生の物語をきちんと検証しなければならないというのが、それこそ、秦郁彦さんの検証であり、吉田清治さんの書いた、いわゆる挺身隊としての強制連行はおかしいという、日本国の全体の反省だったのではないかというふうに思います。

《韓国紙だけでなく、北海道新聞も産経新聞も、日本軍の関与と強制連行があったことを報じている。川上が静かに突きつけた証拠に、櫻井は無表情で同意した。しかし、最後に「慰安婦の方々の人生の物語をきちんと検証しなければならない」と他人事のような感想を漏らすのだった。川上の持ち時間の60分はすでに経過していた。川上は最後に櫻井の「大ウソ事件」を持ち出して、意見を求めた》

川上　この慰安婦問題ということについては、櫻井さんは非常に強く関心を持たれて、様々なところで講演されていると思います。あるいは、いろいろな文章も出されていますね。

櫻井　（うなずく）

川上　そんな中で、福島瑞穂さん、彼女に講演会の出来事で謝罪をされたという記憶はありませんか。

櫻井　私は横浜の講演会で慰安婦問題について、これはニュースキャスターを辞めた直後くらいだったと記憶しているんですけれども、慰安婦問題でお話をしまして、歴史問題でお話をして、福島瑞穂さんのことについて、なかった会話を話しまして、そのことについて福島さんに正式に謝罪をいたしました。

川上　なかった会話というのは、どういう会話でしたか。

櫻井　ちょっと定かには覚えておりませんが、雑誌に書かれましたし、福島さんが赤裸々に書いておりますので、それは皆様方、幾らでも調べられると思います。

川上　私は福島さんを多少知っているものですから、あなた、すごく無責任なことをしているんではないですかというふうに言いました、せめてこの本を読み、せめて秦郁彦さんの研究なさった本を読み、済州新聞を読み、そして、秦郁彦さんなどの歴史研究家の従軍慰安婦の資料を読んでからお決めになったらどうだろう、吉田清治さんの本を証拠として使うこと自体、おかしいのではないかと言ったら、うん、まあ、ちょっといろいろ勉強してみるけどというふうにおっしゃいましたけれども、というふうに発言されたということでよろしいでしょうか。

櫻井　多分、あなたはそのテープを持っておられるんでしょうから、そのとおり言ったんだと思います。ただ…。

川上　ところが、この会話は、どれ一つ取っても事実ではありませんね。

櫻井　私は福島さんにその点は謝りました。ただし、福島さんと私の間には共通の弁護士がおりまして、意見交換はしたことはあります。

川上　私の質問は、今、私が櫻井さんの発言としてお話ししたことは一つも事実はないんだ、こういう理解でよろしいですねというふうに…。

櫻井　そのように取ってくださって結構です。その結果、私は彼女に二回三回と謝りました。1度は電話で、その次は面と向かって謝罪をいたしました。間違ったことを言ったことは大変反省しております。間違った事実を書いたときには訂正をしたいと思います。朝日新聞もそうしてほしいと思っています。

川上　でも、ここで言ったことは、まるっきりのうそじゃないですか。

櫻井　朝日新聞が書いたこともまるっきりのうそだと私は思っています。

川上　横浜の講演会を聞かれた方には訂正されたんですか。

櫻井　もう福島さんが雑誌に書きましたし、ほかの雑誌でもいろいろ書かれましたので、関係者はみんな知っていると思います。

《反省と謝罪を口にしながら、櫻井はまたもや論点をすり替え、こんどは朝日新聞批判を展開しようとした。満員の傍聴席に怒気を含んだ失笑があふれる中、70分にわたる反対尋問は終了した》

5－2　西岡力尋問　明らかになった重要証拠の重大改変（東京地裁2018年9月5日）

東京訴訟の西岡力被告に対する本人尋問は9月5日、第13回口頭弁論で行われた。

主尋問では代理人喜田村洋一弁護士が西岡に対して、植村の記事を「捏造」と決めつけた3つの理由について詳しい説明を求めた。喜田村は持ち時間のほとんどをこの点に費やした。西岡はこれまでと同じ主張を述べ、「この記事が捏造だという私の主張は今変えるつもりありません」と断言した。主尋問は45分で終わり、続いて植村側の穂積剛弁護士による反対尋問に移った。

西岡力尋問

《穂積は最初に、西岡がこれまでに発表した著述や談話に訂正すべき個所があるかどうかを確認し、西岡が「捏造」決めつけの根拠としている重要な証拠や文献資料を保持しているかどうかを質した。いずれも、後に用意した質問の布石である。穂積の言葉は明瞭で、甲高い声は法廷によく響いた》

穂積剛弁護士（以下、穂積と略）　今話に出た甲第4号証のサイトわかりますよね。何のことを指しているか。

西岡力（以下、西岡と略）　はい。

穂積　この歴史事実委員会のサイトにあなたの文章が掲載されているんですけれども、これ公開されたのはいつのことですか。

西岡　覚えていません。

穂積　何年ごろ、2014年ごろですか。

西岡　いや、覚えていません。
穂積　全然わからない。
西岡　ええ。
穂積　それから、文春記事A、これも先ほど尋問聞かれていたから、わかると思うんだけれども、２０１４年２月６日号の週刊文春にあなたのコメントが書かれてありますよね。
西岡　ちょっと待って、文春記事、週刊文春……。
穂積　週刊文春の記事A。
西岡　ちょっと月刊と両方あるんで、週刊文春……。
穂積　わかりますね。
西岡　週刊文春のことですね。
穂積　うん。
西岡　はい。
穂積　このコメントは、あなたが竹中記者に述べたこととして正しい内容ですか。
西岡　談話ですから、てにをはまで含めて正しいとは断定できませんが、おおむね正しいです。
穂積　先ほど聞かれていたように、竹中さんは初稿ゲラもあなたにお送りして確認してもらったというふうにおっしゃっていましたが、それも正しいですね。
西岡　そこは記憶がありませんが、週刊文春は大体そういうことをしますから、そうじゃないかと思います。
穂積　今週刊文春は大体そういうことをしますからとおっしゃいましたけど、そうすると週刊文春とか、あるいは週間《ママ》新潮とか、そういう今出てきた以外の記事でもあなたのコメントが結構引用されていたりするところがあるんですけど、あなたの御記憶している限りでそうしたコメントで自分が言ってもいないこと書かれたとか、間違っていることを書かれたとか、そういう御記憶ってありますか。
西岡　何か抗議したこともあったと思います。何か余りにもたくさんのとこにいろいろ出ているんで、今これだという、ないとも言えませんし、あるとも言えません。わかりません。記憶にないです。
穂積　訴訟で今回も証拠をいろいろ出していますけれども、そういう証拠は一応あなたはきょうここに来るまでにごらんになっているのかな。
西岡　ざっと見ましたけど。
穂積　その中には文春とか、新潮の記事なんかもありましたが、そういう中に自分のコメントが間違っているというようなので御記憶あるものありますか。
西岡　私がそれを見て、出たものについて自分のコメント全部読んでいませんから、もういろんな電話取材とかたくさんありますので、ニュアンスがかなり違うなというようなことを思うこともありますけれども、本当におかしいと思ったら抗議しますので、抗議した記憶ないです。拉致問題についてはありますけど、慰安婦問題ではないです。

穂積　それから、太平洋戦争犠牲者遺族会の訴訟で金学順さんの陳述書とか、尋問調書ありますよね。出ているやつ。

西岡　はい。

穂積　これは、あなたは当然お持ちだったという理解でよろしいんですか。

西岡　訴状は持っていますけれども……。

穂積　訴状持っているのわかっている。陳述書とか、金学順さんの尋問調書、これはお持ちでしたか。

西岡　ある段階で持っていたと思いますけど、そんなに当時じゃないと思いますけど。

穂積　当時っていつ。

西岡　1990年代。

穂積　じゃ、2000年代以降は持っていたということでいいかな。

西岡　それも記憶にないです。今持っていますが、いつかというのは記憶にないです。

穂積　例えば週刊文春とかは2014年ごろじゃないですか。

西岡　はい。

穂積　そのころはもう持っていましたよね。

西岡　それも記憶にないです。

穂積　それも覚えていないですか。

西岡　ええ。もういろんなことといっぱいやっているので、いつということについて今偽証するわけにいきませんから、記憶にないことを記憶にないと。

穂積　あなたの御記憶でいいんだけど……。

西岡　だから、記憶にないです。

穂積　じゃ、2014年よりも後ということ。この……。

西岡　いや、それも、だからわからないです。いつだったのかって。だって、それは学者ですから、資料いっぱいあるんで。

《穂積は証拠を示しながら具体論に入っていく。まず、「植村は挺身隊と慰安婦を混同した」との西岡の批判について質問する》

穂積　（甲第14号証を示す）ハッキリ通信の1991

年の第2号というやつですけれども、これはあなたは当然お持ちですね。《ハッキリ通信＝1990年12月に発足した市民団体「日本の戦争責任をハッキリさせる会」が発行した冊子タイプの広報誌》

西岡　持っていました。今誰かに貸してちょっとなくなっていますす。もう資料いっぱいありますけど、これは見たことあります。持っていました。

穂積　2014年の当時は当然持っていましたよね。

西岡　2014年の当時はわかりません。1992年の当初、この出たときは持っていました。

穂積　だから、出たときは持っていた。

西岡　うん、出たとき。

穂積　（甲第5号証を示す）正論の2014年10月号の記事ですけれども、今回対象になっているやつですから、当然おわかりですよね。

西岡　はい。

穂積　これの80ページ上段を示します。ここで上段のマーカーのところですけど、原告の8月11日の甲第1号証の記事に関して、「初めて名乗り出た元慰安婦の女性の経歴について、女子挺身隊の名で戦場に連行され、日本軍人相手に売春行為を強いられたと書いたのだ」とあって、その7行後なんですけれども、またマーカーのとこで「本人が語っていない経歴を勝手に作って書く、これこそ捏造ではないか」と書かれていますね。

西岡　はい。

神原　この後者の本人が語っていない経歴というのは、前者の女子挺身隊の名で戦場に連行されたという経歴のことを指している、そういう理解でいいですね。

西岡　そのとおりです。

穂積　そうすると、この一連の記述で言っているのは、金学順さん本人が語っていない女子挺身隊の名で戦場に連行されたという経歴を原告が勝手に作って書いたと、そういう内容を指摘したということでいいですね。

西岡　そう書いてあるとおりです。

穂積　その根拠をあなたはこの2つのマーカーの間の7行で書いているんで、一応確認しますが、1つ目に植村さんが入手した証言テープが1つ、2つ目にその後の金学順さんの記者会見や講演、これが2つ、3つ目に日本政府を相手にして起こした裁判の訴状、このいずれでも金学順さんは女子挺身隊の名で戦場に連行されたとは語っていないということを根拠として書いていますね。

西岡　はい。

穂積　これはいいですよね。

西岡　そうやって書いてある……。
穂積　書いてあることの確認です。そこの上でお伺いするんですが、あなた自身はこの証言テープを聞かれたことはないですね。
西岡　ないです。
穂積　あなたも先ほどおっしゃっていたとおり、この１９９１年の当時韓国では慰安婦のことを挺身隊というふうに呼んでいましたよね。
西岡　はい。
穂積　ですから、１９９１年8月14日に名乗り出たときの記者会見でも金学順さんは本人のことを挺身隊、チョンシンデというふうに表現していたことがありました。これはあなたもそういう認識でしたよね。
西岡　そうです。
穂積　だけど、あなた別のとこでそもそも金学順さんを含めて被害者自身が慰安婦と挺身隊を混同して誤って使ったことなんかなかったんだと、そのこと自体が原告による捏造だというふうに述べて、原告を批判したことがありませんでしたか。
西岡　覚えていません。それを見せてください。
穂積　（甲第１３３号証24ページ目を示す）これは、２０１４年9月4日号の週刊文春です。24ページの2段目のところから真ん中あたりですけど、「梁氏はこう力説した」って書いてあって、これさっき出てきた梁順任さんですけど、「検証でも挺身隊と慰安婦の混同が問題視されたようですが、当時慰安婦の方たちが慣例的に挺身隊と慰安婦を一緒くたにして使っていたのです」というふうに梁さんが述べたのに対して、３段目であなたのコメントが書いてあって、「慰安婦と挺身隊を被害者の方たちが誤って使っていたというのは嘘です」というふうに述べていますよね。《梁順任＝韓国太平洋戦争犠牲者遺族会の元常任理事。植村の義母でもある》
西岡　うん。
穂積　そうすると、慰安婦と挺身隊を被害者の方々が誤って使っていたというのは嘘だというのがこのときのあなたのコメントですね。
西岡　待って、かぎ括弧の中全部読ませて、ちょっと時間下さいますか。これは、私が言いたかったのはというか、不正確な私の談話の引用だと今思いますが、梁さんが言っているのは慰安婦と挺身隊を一緒くたに使っていたと言っていると、そのことが朝日新聞の批判には当たらないと当時という意味で言っていて、それに対して私はそういうことではなくて、挺身隊という名目で慰安婦にさせられたと言っていると、そういう人が一人もいないんだということを非難されているんだと、朝日新聞は自己批判するに足るという意味で言っているんです。

穂積　ただ、あなたのコメントは慰安婦と挺身隊を被害者の方たちが誤って使っていたというのは嘘ですってなっていますよね。

西岡　だから……。

穂積　これだと被害者は、いつも慰安婦と挺身隊を厳密に区別をしていましたと読めるんですが、そうするとこのあなたのコメントは間違いですか。

西岡　ちょっとじゃ記事全部を読ませてくださいますか。

穂積　そんな時間はさすがにないんで、ここだけ見て思い出していただきたいんですが。

西岡　思い出すんじゃなくて私、どういうふうにしゃべっていたことを覚えていないし、何かを私のこの記事について自分の評価を欲しいと言うんならば、この少なくとも短い記事ですから、全文を読ませていただかないと私は何もしゃべれません。

穂積　じゃ、全文読まないと答えられないというのがあなたのお答えということで。

西岡　それでいいです。

《矢継ぎ早に繰り出される穂積の質問に西岡は追いつこうとするが、主尋問の時とは打って変わって、その答えは不明瞭なところが多く、声も小さい。穂積は、「金学順は女子挺身隊だったとは一度も言っていない」との西岡の主張について質問を移す。「慰安婦と挺身隊との混同」がなぜ「強制連行」に結び付くのか、についても、やりとりが続く》

穂積　（甲第１３１号証の31ページ目を示す）今度は、週間《ママ》新潮の２０１４年8月28日号です。見開きの左側、その３段目の前から4行目、「この女性は、金学順という実名を明かし、40円でキーセンに売られたと告白した。ですが、女子挺身隊だったとは一度も話したことはないのです」となっていますよね。

西岡　はい。

穂積　このコメントは正しいんですか。

西岡　この部分だけ言うとそんなこと正しくないです。

穂積　（甲第１３６号証の１１０ページ目を示す）今度は、雑誌諸君の２００６年7月号、これの１１０ページ、あなたが書いた文章わかりますよね。従軍慰安婦に賠償せよと言われたらというやつ、記憶していますね。

西岡　記憶しています。

穂積　これの110ページ、一番最初のところの上段を示します。Aと書いてあって、ここに引用されているのは原告の8月11日の最初の記事ですよね。

西岡　そうです。

穂積　2段目のところにAは1991年8月11日の朝日の記事であると書いてありますね。

西岡　うん。

穂積　次のページ、111ページの上段の4行目からなんですけれども、「しかし」の後、「朝日が書いた女子挺身隊とは当時の日本国が国家総動員法に基づいて作った制度であり、その名で戦場に連行されたのなら国家権力による強制連行であり、重大な戦争犯罪だ」と書かれていますね。

西岡　書いてあることです。

穂積　あなたがここで言っているのは、要するにこのAのところの原告の記事だけれども、女子挺身隊の名で戦場に連行されという原告の記事の書き方がこの国家総動員法に基づく女子挺身隊制度による強制連行のことを指すと読者に思わせるから、だから問題のある記事なんだと、そういう指摘をしているということでいいですか。

西岡　そうです。

穂積　そうすると、今回のこの訴訟でのあなたの陳述書も書き方として連行方法として挺身隊を使い、職業として慰安婦を使っているから、原告の記事が誤りだというふうにあなた述べておられるけれども、それは今まさに甲第136号証で述べているこの国家総動員法に基づく強制連行だと思わせるから、問題だと、そういう趣旨のことを言っているんですね。同じこと言っているのね。

西岡　国家総動員法に基づくというA、同じこと言っています。

穂積　（甲第73号証を示す）言語心理学者の吉方べきさんという方が朝日新聞に出した発表の記事なんですけれども、これ……。

西岡　朝日の紙に出たんですか。

穂積　うん、本紙にも出ています。ちょっとこれインターネットなんで。

西岡　いつですか。

穂積　これは、2016年3月18日です。これあなた見た記憶ありますか。

郵便はがき

料金受取人払郵便

神田局
承認

4843

差出有効期間
2020年6月
30日まで

101－8791

507

東京都千代田区西神田
2-5-11出版輸送ビル2F

㈱花伝社 行

ふりがな
お名前

お電話

ご住所（〒　　　　　　）
（送り先）

◎新しい読者をご紹介ください。

ふりがな
お名前

お電話

ご住所（〒　　　　　　）
（送り先）

愛読者カード

このたびは小社の本をお買い上げ頂き、ありがとうございます。今後の企画の参考とさせて頂きますのでお手数ですが、ご記入の上お送り下さい。

書 名

本書についてのご感想をお聞かせ下さい。また、今後の出版物についてのご意見などを、お寄せ下さい。

◎購読注文書◎

ご注文日　　年　　月　　日

書　　名	冊　数

代金は本の発送の際、振替用紙を同封いたしますので、それでお支払い下さい。
（2冊以上送料無料）

なおご注文は　FAX　03-3239-8272　または
メール　info@kadensha.net
でも受け付けております。

西岡　ないです。
穂積　全然見ていないんですか。
西岡　はい。
穂積　韓国の新聞で挺身隊についてどんな表現がされていたのかということをこの吉方さんというソウルにお住まいの学者の方が調べた記事なんですけど、見ていないんじゃちょっとわかりにくいかもしれないけど、1ページ目の一番下のところ、マーカー引いてあるとこありますけれども、「1946年5月のソウル新聞の記事には娘たちを女子挺身隊または慰安部隊という美名のもとに日本はもちろん、遠く中国や南洋などに強制的に、あるいはだまして送り出した事実を指摘できるだろう」という記事が載っていたというのがあるんですが、これもあなたはじゃ御存じなかったんですね。
西岡　知らないです。
穂積　もう一つ、じゃ2枚目の上のところも一応見ます。一番上ですけど、「1962年10月号の」、これ京郷新聞というんですか……。
西岡　キョンヒャン新聞。
穂積　現地ではそういうふうに言うのかもしれないですけど、そこに韓国人女性の訴えとして2行目の後ろから「私は、挺身隊として連行され、日本人の慰め者として連れ回されたあげく、捨て置かれました」というふうに書かれていますよね。
西岡　うん、そうです。
穂積　そうすると、今見た2つにあるみたいに挺身隊として連行とか、挺身隊の名で連行というような表現というのは、韓国では一般的に使われていた言い方ではなかったんでしょうか。
西岡　私は、そうは思いませんけれども、まずは原文の朝鮮語見ないと今ここで初めて出た、それも訳文で判断しろと言われても学者としては評価できません。

《挺身隊という呼称が韓国では一般的な用語であったことを、戦後の韓国紙の分析によって実証した吉方べきの研究を西岡は「知らない」という。韓国紙2紙の記事を示しても、「学者としては朝鮮語の原文で読まなければ」と突っぱねる。穂積の語調は激しさを増していく。しかし、西岡は「挺身隊として連行され慰安婦になった」と証言したもうひとりの慰安婦の体験についても否定的な見方を示す》

穂積　（甲第149号証を示す）金学順さんの陳述書

なんですが、これは先ほどお持ちだったと、いつ入手したかわかんないけどというふうにおっしゃっていましたね。

西岡　はい。

穂積　その2ページ。

西岡　これいつの日付。

穂積　これ日付は同じ日なんです。一番後ろ見ましょうか。日付は、一番後ろ示すと1994年6月6日。もう一回前に戻って2ページ目のところに一番後ろから3行目なんですが、「そのころ平壌にいると女性は挺身隊として強制連行されてしまうと言われており」という記述がありますね。

西岡　ああ、これは覚えています。

穂積　（甲第148号証の7ページ目を示す）こっちは金学順さんの尋問調書でして、これは同じ日付なんですけれども、尋問調書の中でも7ページの一番後ろから3行目のところで「当時平壌では若い女の子が、みつかり次第挺身隊として連れて行かれる。それも巡査みたいな人たちが連れて行ってしまうというようなことがありました」と書かれていますね。

西岡　うん。

穂積　そうすると、金学順さん自身も挺身隊として連行されるという表現を陳述書とか、こういう尋問調書の中でしていたということですよね。

西岡　そこについては……。

穂積　まず、そういうことでしょう。そこだけ確認してください。

西岡　だから、自分の経歴についてじゃありません。

穂積　それはわかっています。ただ、こういう表現をしていましたよね。

西岡　そうです。

穂積　とすれば……。

西岡　そのことは私も知っていましたし。

穂積　韓国で挺身隊として連行というふうに表現しても、これだって金学順さんはここで言っているのは国家総動員法に基づくものではないんじゃないんですか。だから、挺身隊として連行というふうに韓国で表現したとしても当然に国家総動員法による法的動員、すなわち強制連行を指すことにはならないのではないでしょうか。

西岡　なぜ韓国で挺身隊と慰安婦の誤解があったのかについては、さまざまな学者の論争はあるんです。1つの資料は、当時たしか朝鮮総督府が出した資料だったか、軍だったか、若い女性を挺身隊として慰安婦狩りをするという悪い流言飛語が広まっていると、それを取り締まれという情報がありまして、だから当時こういう話があったことは事実なんです。しかし、実例は出ていないんです。だから、尹さんがずっとそういうことを言っているんです。自分も早く結婚したい、自分たちが梨花女子大で早く結婚したのは、こういう話があったからだと言っていて、だから挺身隊問題対策協議会といって挺対協を作ったんです。それと、実際にそういう人が出てきたというの全然違います。《尹さん＝尹貞玉・韓国梨花女子大元教授で韓国挺身隊問題対策協議会の元代表。慰安婦の名乗り出に尽力し、生活支援と体験語り伝えの運動を続けた》

穂積　だから、実例は確認されていないけど、一般的にこういう女子挺身隊として連れていかれる、連行されるという言われ方をしていたということ自体はいいし、だからそういう注意文書まで出ていたと、そういうことですよね。

西岡　そうです。

穂積　(甲第146号証を示す)　さっき言っていたから、これあなたよく御存じだと思うんだけど、証言未来への記憶アジア「慰安婦」証言集Ⅱってやつで……。

西岡　こういうものは知りません。

穂積　あなたのほうから乙第19号証が出されましたよね。

西岡　はい、こっちが原本ですよね。

穂積　(乙第19号証を示す)　というか、乙第19号証のほうは証言未来への記憶アジア「慰安婦」証言集Ⅰで、南北在日コリア編上、そっちのこの下のほう、こっち甲第146号証は。これで思い出しましたか。

西岡　いや、というか、下のほうは私は手にとったことありませんけど。

穂積　そうですか。これ御存じない。

西岡　ええ、下はあるのわかっていましたけど。

穂積　あなた原文で読んでいるんですよね。

西岡　はい。

穂積　(甲第146号証の137ページ目を示す)　これ金福童さんという今でも活躍されている元慰安婦の方で、あなたこの人も証言自体は韓国語の原文になるかどうかわかんないけど、当然見ていましたよね。

西岡　これは、だから再録ですから、出典はどこですか。

穂積　先に出典じゃ示します。

西岡　つまりこの上下というのは再録なんです。だから、僕はそうじゃないもとので見ているから。

穂積　(甲第146号証の15ページ目を示す)　15ペー

ジ、ちょっとこれわかりにくいんだけど、凡例の最初のところに挺対協の証言集の1993年のものと同二1997年のものというのがあって……。

西岡　三、四とかあります。

穂積　真ん中あたりに本書は前者を、つまり証言集の最初のやつを証言集Ⅰ、後者を証言集Ⅱと言っているので、だからそれのことかなと思うんだけど、わかりましたか。

西岡　わかりましたけど、これはⅠですか、Ⅱですか。

穂積　これ多分Ⅱだと思います。

西岡　僕は、Ⅱはちゃんと余り読んでいないです。

穂積　これ余り見ていないですか。

西岡　ええ。

穂積　でも、金福童さんの証言自体はあなたは当然御存じでしょう。

西岡　言っていたと知っていますけど、私はⅠについては徹底的に分析しましたが、Ⅱについて何か論文を書いたりはしていません。

穂積　ただ、当然見ていますよね。

西岡　本書は持っていますけど。

穂積　持っていて、あなた慰安婦の条件をちゃんと見ていないんですか。見ているでしょう。

西岡　いや、だから覚えていませんから、自分でちゃんとメモをとってきちんとやることはしていません。ざあっと見たかもしれませんけど。

穂積　この138ページのところ見ると見出しに挺身隊に行けと言われということが書いてあって、この138ページの後ろから6行目の下のところに「彼らは、母に挺身隊に娘を送るので、出しなさいと言いました」というふうに書かれてあって、仕方なくこれに行ったら慰安婦にされたというふうに金福童さんは証言をしているんです。当然御存じではなかったですか。

西岡　ちょっと待ってください。見ていいですか、少し読んで。

穂積　余り時間がないので、まず御存じかどうか教えてください。こういうことを金福童さんが言っているということ。

西岡　当時読んだかもしれません。今覚えていません。

穂積　ただ、ここに書いてあるとおりだったとしたら、ちょっと仮定で申しわけないけど、挺身隊に行けと言われて、挺身隊の名で戦場に連行されて慰安婦にされたと証言する人だということにはなりませんか。

西岡　まず、裏づけがとれるかどうかということですけれども、ここでも軍服つくる工場に行けと言っています。だから、今は韓国の尹貞玉さんたちも含めて、まずは挺身隊として勤労動員されて、その後慰安婦にさせられたケースはあったという言い方はしていますけど、挺身隊へ行けと言われて、そのまま慰安婦になったという例は出てきていないというのが私の理解です。

穂積　そうなんだけど、少なくともまさにそれに近い感じがするじゃないですか。そして、あなたとしてはこれ研究しようと思わなかったの。

西岡　だから、それも含めて見ましたけども、これも私の判断では、あと韓国人のイヨンフン先生とか、アンビョンジク先生の判断でも慰安婦の女性の人たちの証言について裏づけ資料をとって研究するというのがかなり難しいので、難しいなと、だからそうするとこの金さんなら金さんが言っていることを全部集めて、異同をやらなくちゃいけないんです。

穂積　でも、あなたはそれやっていないのね。

西岡　うん、金さんについてやっていません。

《ここで論点は移る。西岡は、金学順が「地区の仕事をしている人」にだまされた、と植村が書いたことについて、「義父に売られて慰安婦になったことを隠すために正体不明の人を登場させた」と批判している。穂積はこの批判の検証を進めようとするが、西岡は過去の主張を翻すような物言いで論議を混乱させる》

穂積　原告の12月25日付けの記事、甲第2号証ですけど、当然わかりますよね。

西岡　うん。

穂積　これは、弁護団とハッキリ会の聞き取り調査に原告が同行取材をしたという記事ですよね。

西岡　そうです。

穂積　その文中に「そこへ行けば金儲けができる、こんな話を地区の仕事をしている人に言われました。仕事の中身は言いませんでした。近くの友人と2人誘いに乗りました。17歳、数えの春、1939年でした」との記述がある、これは正しいですね。

西岡　いや、読まれたんだから、正しいと思いますけど、私手元にないので、示してください。

穂積　でも、今見たから、わかるでしょう。

西岡　いや、だからそのてにをはまで含めて正しいかと言われたって、示してください。

穂積　（甲第2号証を示す）もう一回、1段目の後ろから2つ目の段落の上のところから、「そこへ行けば金儲けができる、こんな話を地区の仕事をしている人に言われました。仕事の中身は言いませんでした。17歳（数えの春）、近くの友人と2人誘いに乗りました。1939年でした。」、いいですね。

西岡　はい、いいです。

穂積　（甲第5号証の80ページ目を示す）これさっきも見ていただいたものです。正論、80ページ上段の末尾からですけれども、今度この2つ目の記事に関連して、「植村記事の事実捏造はまだある」というふうに指摘された上で、81ページの下のところ、下段です。2行目から「植村記者は、義父を登場させると実の母にキーセンとして売られたという事実が明らかになるので、正体不明の地区の仕事をしている人を出してきて、その人物にだまされたと書いたとしか思えない」とあって、3行ぐらい後に「これも捏造だ」、こう書いていますね。

西岡　はい。

穂積　この最後の後半のこれもが指している中身というのは、原告がこの12月の記事に正体不明の地区の仕事を出してきたこと、このことを指しているという理解でいいですね。

西岡　違います。義父を登場させなかったということです。

穂積　だけど、ここにその正体不明の人物を出してきた、その人物にだまされたと書いたというのが問題だというふうに言っているんでしょう。

西岡　そうですけど、私にとって一番はキーセンとして売られたというのを書かなかったということです。

穂積　あなたにとって一番かどうかじゃなくて、私はここに書いてあることを聞いている。

西岡　だから、それ私が書いたんだから、私が答えているんです。

穂積　じゃなくて、これをどう読むかという話をしているんです。あなたとしては、正体不明の地区の仕事をしている人というのを出してきた、これが問題だというふうにあなたは指摘しているんでしょう。

西岡　違います。

穂積　ここが問題だと。

西岡　違います。

穂積　それは、問題じゃないんですか。

西岡　そこも問題ですが……。

穂積　そこも問題なんですね。

西岡　うん、でも……。

穂積　じゃ、それで聞きます。ということは……。

西岡　これも捏造だということではないということで、

御質問が捏造だという御質問……。
穂積　私そんな質問していません。
西岡　これも捏造だと言って……。
穂積　じゃ、これは正体不明の地区の仕事をしている人を出してきたことは含まれていないというのがあなたの解釈ですか、それとも両方含むのかな。
西岡　そうですけども……。
穂積　ということは……。
西岡　重点としては出さなかったということ。
穂積　ということは、金学順さん本人が言ってもいない地区の仕事をしている人というのを、義父を登場させずに勝手に作って書いたんだということをあなたはここで問題にしているんでしょう。
西岡　違います。
穂積　そうじゃないんですか。
西岡　うん。だから、だって……。
穂積　じゃ、聞きます。正体不明の地区の仕事をしている人というのは、実在したというのがあなたの理解ですか、それともあなたはそうじゃなくてこの人は実在していないということなんですか。どっちなの。
西岡　それは不知です。わかりません。
穂積　自分で書いているんでしょう。
西岡　だから、正体不明のと書いているけど、別に実在していないなんて書いていません。
穂積　（甲第35号証の33ページ目を示す）週刊文春のこれは2014年10月23日号の記事ですけれども、33ページの一番上です。ここにもあなたのコメントがあって、真ん中の段落からですけれども、「さらに悪質なことに植村記者は1991年12月の記事で、金学順さんが地区の仕事をしている人にだまされたと書いている。訴状などからも養父であることは明らかだったのに、地区の仕事をしている人と書きかえた、これが3つ目の捏造です」、こう述べていますね。
西岡　はい。
穂積　ということは、要するに養父であることは明らかなのに、わざわざ地区の仕事をしている人というふうに書きかえた、この点が問題だというふうにあなた述べているでしょう。
西岡　だから、だました主体はということです。慰安婦にするということについてだました主体が地区の仕事をしている人じゃなくて、養父だと、それは借金があって検番にいるんだからって、そういうことです。
穂積　だから、実際には地区の仕事をしている人は金学順さんをだますような発言はしていないという、そういうことですか。
西岡　そこはわかりません。
穂積　端的に聞きますが、じゃこの地区の仕事をしている人というのは実在したというふうにあなたは認識しているのか、そうではなくてこれは全くの嘘だというふうにあなたは認識しているのか、どっちなんですか。
西岡　いや、実在した可能性もあると思っていますけど。だけど、わかりません。先ほど言った不知です。
穂積　わからない。
西岡　うん。だって、地区の仕事をしている人しか書いていないんだから。

《堂々巡りの押し問答はまだ続く。しかし、その先にしっかりと焦点を定めている穂積は落ち着きを失わない》

穂積　（甲第14号証を示す）先ほど示したハッキリ通信です。あなた持っていたという……。
西岡　持っていたです。
穂積　42ページ中段です。これは、原告が取材したのと同じときのハッキリ会の会報ですけれども、ここの真ん中のとこに「しかし、私が17歳のとき町内の里長が来て、あるところに行けば金儲けができるからとしきりに勧められました」となっていますね。
西岡　はい。
穂積　（甲第15号証を示す）これもさっきから出てきた弁護団の聞き取り要旨ですが、前から4行目、これ見ましたよね。
西岡　私は、これは聞き取り要旨持っていません。
穂積　じゃなくて、この訴訟でざっと見たでしょう。
西岡　ああ、訴訟の。
穂積　「1939年、同原告が17歳、数えの春、同原告らの住む町内の区長からそこへ行けば金儲けができると説得され、同町内からもう一人の娘、エミ子という名だった、とともに出稼ぎに行くことになった」となっていますね。
西岡　うん。
穂積　これらからすると、原告の記事に出てきた地区の仕事をしている人という方の存在について、このとき金学順さんは本当にそう言ったんではないんですか。
西岡　いや、わかりません。
穂積　わからない。
西岡　うん、私その場にいなかったから。

穂積　いや、それはそうです。

西岡　だから、その地区の仕事をしている人というのは誰なのかということも書いていないから、正体不明だと言ったんで、そして訴状では養父に連れていかれたと言っていますから……。

穂積　訴状にないのわかっているんです。ただ、聞き取りをした弁護団、同行したハッキリ会、原告、３人ともこの地区の仕事をしている人、区長、里長の存在について触れているんだから、この取材のときには当然金学順さんはその人の存在に言及したんでしょう。あなたそう思いませんか。

西岡　それはそうだと思います。

穂積　そうなの。わかりました。

西岡　言及したということについては。

穂積　あなたは、１９９２年に慰安婦問題の調査をするに当たって当時の文藝春秋の編集長から取材記者は何人使ってもいいと、資料幾ら買ってもいいと、予算はあるからというふうに提案されて、優秀な編集者が1人べったり張りついて調べましたということをあなたの本の中で、「よくわかる慰安婦問題」の中で書いていますよね。

西岡　はい。

穂積　そうすると、当然このハッキリ通信第2号は、あなたは所持していましたよね。

西岡　はい。

穂積　持っていた上であなたは一連の、例えば先ほどの正論の記事も書いたということですね。

西岡　はい、そうです。

《西岡の「捏造」決めつけの重要な根拠は、「金学順がキーセンに身売りされたこと」だ。しかし、それは14歳の時のことで、慰安婦とされたこととは無関係だ、と穂積は追及する。金学順は日本軍に武力で奪い取られた、との見方が一般的ではないのか。この裁判の核心に関わる激しい応酬が始まった》

穂積　（甲第3号証の44ページ目を示す）これあなたの著作、増補新版「よくわかる慰安婦問題」、わかりますよね。

西岡　はい、わかります。

穂積　44ページの1行目のところに「ここには金学順さんが貧乏のため、キーセンに身売りしていたという問題の本質にかかわる重大な事実関係が書かれていない」と記述されていますね。

西岡　はい。

穂積　このキーセンに身売りしたということについて、あなたが問題の本質にかかわる重大な事実関係だと考える理由は、金学順さんが慰安婦にされた原因の本質がこの点にあるからというふうにあなたは理解しているということでいいですね。

西岡　はい。

穂積　（甲第94号証の30ページ目を示す）週刊文春の2014年3月13日号ですけども、30ページの下段、一番後ろのとこですけど、中段のとこからあなたの解説するというようなのがあって、下段のところ、前から5行目からですけれども、「さらに、植村記者が記事で言及した女性は、日本軍に強制連行されたのではなく、親に身売りされて慰安婦になっていたのです」というふうに書いてありますね。書いてあるというか、あなたのコメントとして述べていますよね。

西岡　はい。

穂積　そうすると、要するにキーセンに身売りされたことが金学順さんが慰安婦にされた原因本質であるというふうにあなたは理解しているということですよね。

西岡　そうです。

穂積　その具体的な中身なんだけど、1つ目には貧困のために母にキーセンとして身売りさせられたこと、この点がありますね。

西岡　はい。

穂積　もう一つとしては、その身売り先の義父に中国の慰安所に連れていかれたことというのがありますね。

西岡　はい。

穂積　この2点において、金学順さんが慰安婦にさせられた本質があるというふうにあなたは理解しているということでいいですか。

西岡　そうです。

穂積　だけど、身売りって14歳のときのことじゃないですか。

西岡　そうです。

穂積　だから、慰安婦にさせられる3年も前のことで、3年ですから時間的には結構あいていますね。

西岡　うん。

穂積　そうすると、むしろ直接的に重要なのは義父に慰安所に連れていかれたこと、こっちのほうが重要だというふうな御認識あなたにありますか。

西岡　ありません。

穂積　それは、両方とも重要だという認識ですか。

西岡　そういうことです。売られたということは借金があるということで、彼女が借金を返さなくちゃいけないんですから、だからそれは義父が彼女の行動に対して……。

穂積　じゃ、双方重要ということでいいですね。

西岡　そうです。

穂積　（甲第67号証の2を示す）これは、あなたはよく御存じですよね。今さら見せるまでもないと思うけれども、この甲第67号証の2はハンギョレ新聞記事をあなた自身が訳された文ですね。

西岡　そうです。

穂積　その一番後ろのページ目ですけれども、この赤のマーカーしてあるとこ。

西岡　植村さんの陳述書にも書いてある。

穂積　「私を連れていった義父も当時日本軍人にカネももらえず、武力で私をそのまま奪われたようでした」となっていますね。

西岡　はい。

穂積　（乙第10号証を示す）乙第10号証、月刊宝石の記事ですから、これもあなたよく御存じですよね。

西岡　はい。

穂積　278ページの下段を示します。一番下の「ところが」の後の3行目から「着いたところは満州のどこかの駅でした。サーベルを下げた日本人将校2人と3人の部下が待っていて、やがて将校と養父との間でけんかが始まり、おかしいなと思っていると養父は将校たちに刀で脅され、土下座させられた後どこかに連れ去られてしまったのです」となっていますね。

西岡　なっています。

穂積　これらからすると義父が金学順さんを日本軍に売り飛ばしたんじゃなくて、日本軍が義父から金学順さんを武力で奪い取ったんではないですか。

西岡　そのように金さんは証言しています。

穂積　そうすると、金さんにとっては日本軍に武力で奪い取られたということこそが慰安婦にされた本質だというふうに金学順さんは思っているんじゃないんですか。

西岡　そのように主張していました。だけど、さまざまな状況から私はその部分については裏づけをとらないと信憑性が大変小さいと思っています。

穂積　こういう証言があること自体はいいですよね。

西岡　もちろんそうです。

穂積　その上でちょっとお伺いするんですけれども、私が、これはあくまでも私の見解です。これらの記事なりを見る限りでは、むしろ日本軍が金学順さんを武力で奪ったことこそが金学順さんが慰安婦にされた本質だというふうに私は思うわけです。それって全くあり得ない解釈ですか、それとも金学順さんは日本軍に武力で奪い取られたんだという、そのことこそが問題の本質だというふうに理解する考え方、そういう考え方もあり得る解釈ですというふうにあなたは言えますか、どっちですか。

西岡　というか、私の解釈はそうだということですけど、先生の解釈を私が何か批評する立場じゃありませんけれども。

穂積　あなたの認識をお伺いしたい、私のような解釈はあり得ない解釈だと……。

西岡　いや、だからあるじゃないですか。あり得ないなんて思っていない。そういう解釈が当時は一般的だったたです。

穂積　その解釈は当時は一般的だった。

西岡　一般と言ったら言い方、多数派だったかもしれない、そういう解釈たくさんありました。

穂積　だとすると、キーセンへの身売りについては問題の本質ではないからというふうに原告が判断をして、そのことを記事に書かなかったとしてもそれもあり得る解釈だということでいいですね。

西岡　だから、それについて私の解釈では本質を書かなかったから、批判するというのが私の解釈です。

穂積　今あなたおっしゃっているように、私が言ったような解釈が一般的な解釈だったんでしょう。その一般的な解釈に基づいて原告がキーセンへの身売りを記事に書かなかったとしても、それは一般的な解釈だということでよろしいですね。

西岡　だから、それは朝日新聞が作っていた間違った多数派の解釈だからです。それを朝日新聞の人が書くということ自体が私は捏造だと言っているんで、堂々めぐりになりますが、本人は女子挺身隊という制度で連行されたと言っていないことを書かなかったということをセットで考えるとそれはそういう解釈があったということを認めますが、私の立場ではそれは本質にかかわることを書かなかったと今でも思っています。私は考え変えません。

《「強制連行はあり得る」というのが一般的な解釈であることは認めるが、「それは朝日新聞が作っていた間違った多数派の解釈だ」「自分の考えは変えない」と強弁する西岡。穂積の口調に怒りが帯びる。穂積は再び「キーセンへの身売り」について議論を戻す。西岡は櫻井らとともに、「親に身売りされて慰安婦になったと訴状にある」と主張し、植村記事「捏造」キャンペーンを展開してきた。その根拠がいま崩れようとしている》

穂積　（甲第7号証を示す）冒頭確認した週刊文春の記事で、先ほど確認したとおりここに出されたコメント自体は、あなたとしては別に間違いではないということでいいですよね。
西岡　ここの……。
穂積　コメントは。
西岡　はい、ここのコメントに限定すれば。
穂積　そこに3段目の後ろから2行目からです。「このとき名乗り出た女性は、親に身売りされて慰安婦になったと訴状に書き、韓国紙の取材にもそう答えている」とあなたコメントしていますね。
西岡　はい。
穂積　まず、この韓国紙の取材と言っている韓国紙ってどこのことですか。
西岡　ハンギョレ新聞だと。
穂積　（甲第16号証を示す）じゃまず、最初の訴状のほうを確認しますけれども、これが訴状の105ページから106ページあたりの記載なんだけど、ここには金学順さんが親に身売りされて慰安婦になったとの記述はありませんよね。
西岡　それは、だから私の言葉で要約して言っているんで、この記述を見て私はそういう判断したということ。
穂積　ただ、金学順さんが親に身売りされて慰安婦になったという記述は、この訴状にはないということでいいですね。
西岡　いや、そういうふうに思いません。
穂積　この訴状にはないんでしょう。どこにあるの。あるんだったら示してください。
西岡　そのかぎ括弧の中でそういう記述はないです。
穂積　ないですね。
西岡　その記述はないです。かぎ括弧として。
穂積　（甲第67号証の2を示す）先ほどの8月15日のハンギョレ新聞です。2枚目のほうを見てもらったほうがいいと思うんだけれども、一番後ろ、この新聞記事に親に身売りされて慰安婦になったと金学順さんが答えている箇所はありませんね。
西岡　親に身売りされたという場所……。
穂積　親に身売りされて慰安婦になったと金学順さん

が答えている場所はありませんね。
西岡　その引用形ではないです。
穂積　ここではむしろ金学順さん本人の発言として、「私を連れていった義父も当時日本軍人にカネももらえず、武力で私をそのまま奪われたようでした」とあって、すぐに続けて本人の発言ですが、「その後5か月間の生活はほとんど毎日四、五名の日本軍人を相手にすることが全部でした」と答えていますね。
西岡　そうです。
穂積　つまり日本軍が武力で金学順さんを義父から奪い取ってすぐに慰安婦生活が始まったというふうに金学順さんは言っているわけですから、慰安婦生活の直接の原因になったのは、日本軍の武力のほうだったというふうに金学順さんは答えていたのではありませんか。
西岡　金学順さんはそう答え……。
穂積　そうですよね。
西岡　はい。
穂積　そうすると、金学順さんは親に身売りされて慰安婦になったなんていうふうに韓国紙の取材に答えたという事実はありませんね。
西岡　それを丸めて言って、私はそういうふうに学者として判断したので、当時の生きていた人の常識から言ったら親に身売りをされて……。
穂積　それは、あなたの解釈なんでしょう。
西岡　そうです。それで……。
穂積　だから、あなたのコメントは金学順さんは韓国紙の取材にそう答えていると言っているから、聞いているんです。金学順さんは、そう答えていないですね。
西岡　週刊誌の談話では短いので、私の解釈を答えたんです。だから、実証論文と一緒です。
穂積　じゃ、あれは間違いということですね。
西岡　間違いではありません。
穂積　間違っていないの。
西岡　縮めて書いている、私はかぎ括弧の中で金さんがこう言ったとは言っていませんから。談話というのはそういうもの。

《追い詰められた西岡に喜田村が助け舟を出そうとして何か語りかけるが、西岡の耳には届かない。調書には記載されていないが、西岡は、「あのー」「えー」「うーん」「なんか」などと繰り返しながら、答えを取り繕おうとする。だが、その答えは、「丸めて言っている」「談話とはそういうもの」と、およそ学者らしからぬもの

だった。穂積はさらなる一撃を加える。反対尋問のクライマックス場面である》

穂積　（甲第126号証を示す）これ一番後ろの奥付を見てもらったほうがいいと思うんだけど、あなたが一番最初にお書きになった「よくわかる慰安婦問題」の旧版の初刷り、2007年6月28日、第1刷発行って書いてある。

西岡　文庫本じゃないやつ。

穂積　文庫本じゃないやつです。旧版です。そこの42ページを示します。42ページの冒頭から2行目から今のハンギョレ新聞、1991年8月15日の記事の引用がありますね。

西岡　はい。

穂積　この引用部分の3行目まで「華北の日本軍300名余りがいる部隊だった」、ここまでは原文のハンギョレ新聞にあるんですけども、その次の1行、「私は、40円で売られて、キーセンの修行を何年かして、その後日本の軍隊のあるところに行きました」という記述がありますよね。

西岡　はい。

穂積　この引用部分は、今言ったようにハンギョレ新聞記事には全くないんです。いかにも、金学順さん本人の発言であるようなこの最後の文章をあなたどこから持ってきたんですか。

西岡　覚えていないです。間違い……。

穂積　覚えていない。

西岡　間違いです。

穂積　これ間違いですよね。

西岡　そう、間違いです。

穂積　あなたこれどこから持ってきたんですか、覚えていない。

西岡　うん。

穂積　これ記事の引用なんだから、もとの文章がどこかにないとおかしいですよね。

西岡　そうです。

穂積　今見てこれどこから持ってきたのかなって全然覚えていないですか。

西岡　うん。

穂積　それともこれは月刊宝石の記事か何かをもとにして、あなたが勝手に作って書き足した言葉ですか、そうではないですか。

西岡　いや、覚えていないですけど、これ間違いです。

穂積　この最後の1文、これがもとのハンギョレ新聞の記事には一切ないという事実にあなたいつ気がつきましたか。
西岡　何か新しい版を出すときに、だから気づいて訂正した記憶ありますけど。
穂積　訂正したんですね。
西岡　という記憶が、ちょっとよく覚えていない。これはまずいです。
穂積　まずいですよね。
西岡　まずいです。だから、そのハンギョレ新聞というところがまずいんで、かぎ括弧をここで閉じるべきです。

《まずいです、間違いです、と小声で繰り返す西岡。これは証拠の改ざんではないか。廷内にざわめきが広がり、「捏造だ」との声が響いた。裁判長の制止はない。穂積はさらなるカードを繰り出す》

穂積　（甲第138号証を示す）これは、正論の3枚目見ると左面に出ているんだけど、平成20年、2008年11月号にあなたが書いた従軍慰安婦を捏造した……。
西岡　ちょっと日付もう一回言ってください。
穂積　平成20年、2008年11月号、これのあなたが書いた従軍慰安婦を捏造した朝日記者の素顔という、そういう記事です。266ページの下段を示します。2行目からハンギョレ新聞の引用があって、ここにも「日本軍300名余りがいる部隊だった」の後に「私は、40円で売られて、キーセンの修行《ママ》を何年かして、その後日本の軍隊のあるところに行きました」というのがハンギョレ新聞の記事の引用として書かれていますよね。
西岡　これ間違いです。
穂積　あなたこの記事を書くに当たって、ハンギョレ新聞の原典を確認しなかったんですか。
西岡　ここでは確認していないとしか思えないです。
穂積　だけど、じゃさっきの「よくわかる慰安婦問題」と全く同じ文章が、原文にない文章がどうして入っているんですか。
西岡　だから、自分で本を点検して書いちゃったんじゃないですか。
穂積　じゃ、原典も確認しないで自分の本をもとに書いちゃったって、そういうことですか。
西岡　そうだと思います。ただ、かぎ括弧を外に出せばよかったと思います。

穂積　（甲第130号証を示す）あなたは、この後2012年12月14日に文庫版の今度増補新版「よくわかる慰安婦問題」、これ出しましたね。
西岡　はい、出しました。
穂積　そのときに旧版の記述から増補新版にするに当たって、かなり文章に手を入れましたよね。
西岡　それは増補ですから。
穂積　その内容をどこが変わったのか、最初の前半部分だけなんだけれども、こちらのほうでチェックしたんです。旧版2冊から増補新版の初刷りまでどう変わっているか。例えば一番左の数字がページですけど、36ページのあたりなんかは見ると太平洋戦争被害者遺族会ってなっているのを、これ間違いだということで増補新版のほうでは太平洋戦争犠牲者遺族会というふうに直したりしていますよね。
西岡　はい。
穂積　2枚目のほうを見るとやっぱり80ページのところなんかも同じく太平洋戦争被害者遺族会というのを直したりとか、そのほかこれだけあなたはこっちでチェックした限りでは増補新版を出すに当たって手を加えているんですが、あなた自身もこの程度の修正はしたなという認識があるということでよろしいですか。
西岡　それは、編集者と一緒にやったことですけども、もちろん。
穂積　（甲第128号証を示す）そうやって編集長と一緒に……。
西岡　編集者と言いました。
穂積　編集者と一緒に手を入れて作った増補新版「よくわかる慰安婦問題」の初版です。45ページを示します。
西岡　まだ直っていないんです。
穂積　そうです。45ページを示すとやはりハンギョレ新聞の1991年8月15日の引用があって、そこにも全く同じように原典にはない「私は、40円で売られて、キーセンの修行を何年かして、その後日本の軍隊のあるところに行きました」という文章が入ったままになっていますよね。
西岡　そうです。
穂積　あなた増補新版出すに当たってあれだけ旧版に手を入れて、太平洋戦争被害者遺族会というような言葉も直してあちこち手を入れているのに、どうしてこれに気がつかなかったんですか。
西岡　覚えていないです。いや、気がつかなかったということについては気がつかなかったんですから……。
穂積　当然気がついていたんではないんですか。

西岡　いや、絶対そんなことはない。

穂積　（甲第143号証を示す）これは、あなたが先ほどおっしゃった1992年4月号の月刊文藝春秋の記事から2011年までなんですけど、あなたが原告の植村さんを批判するに当たってハンギョレ新聞の記事を引用した部分の抜き出しなんです。あなたこうやって何回もハンギョレ新聞の記事を引用して、それで原告を批判する文章を書いてきましたよね。

西岡　はい。

穂積　あなた自身もハンギョレ新聞の記事を翻訳していますよね。

西岡　はい。

穂積　そしたら、ハンギョレ新聞の記事が具体的にどういうふうに書かれていたのかほとんど暗記しているぐらいあなた知り尽くしていたはずじゃないんですか。

西岡　いや、暗記はしていません。

穂積　暗記している、すぐわかるぐらい……。

西岡　暗記はしていませんけど。

穂積　知り尽くしていて、そしたら自分の本の中に原典には全くない文章が書かれていることに当然気がついたはずなんじゃないですか。違いますか。

西岡　それは、だからわからないですけど。

穂積　気がつきませんでしたか。

西岡　だって、気がつかなかったから、残っているんですから。

《故意か過失か、は問うまでもないだろう。新聞記事にない一節を加えてそれを「捏造」決めつけの根拠とする。それも一度ならず、2007年から再三再四にわたって！　法廷で初めて明らかにされた驚愕の事実である》

穂積　じゃ、あと最後の質問ですけれども、あなたのこの甲第143号証を見てもわかるとおり、ハンギョレ新聞の記事の引用というのはほとんど全部が「河北の日本軍300名余りがいる部隊の前だった」というところまでで終わっていますよね。

西岡　うん。

穂積　だけど、ハンギョレ新聞の原文にはそれに続けて、さっきから何度も言っているように「私を連れていった義父も当時日本軍人にカネももらえず、武力で私をそのまま奪われたようでした」という金学順さんの発言部分がありますが、あなたこれ引用していないですよね。

西岡　はい。

穂積　それこそ、朝日の第三者委員会じゃないですけれども、事案の全体像を正確に伝えて、読者の判断に委ねるためにこの金学順さんの日本軍に無理やり奪われたようでしたという部分も一緒に引用すべきだったというふうにはお考えになりませんか。

西岡　考えません。

穂積　そこは関係ないから、要らないという……。

西岡　というより。だからそういう批判は十分あり得ると思いますけども、私はそういうふうに思わなかったから、書かなかったんで、それは挺身隊問題対策協議会の証言集の証言を検証したある先生の話などいろいろ聞いていましたから……。

穂積　必要ないということだね。

西岡　必要あるという意見も十分あると思いますけど、私は必要ないと思って書かなかったということで全てのことを引用でするわけじゃありませんから。

《ないことを書き、あることを書かなかった。これは、西岡が櫻井とともに植村に浴びせ続けた言葉だった。いまその言葉が、鋭い刃をもつブーメランとなって西岡自身に向かっている。皮肉な結末としかいいようがない。穂積が尋問を終えると、植村弁護団の事務局長である神原元弁護士が立って、西岡に疑念を投げかけた。「事実誤認」から「捏造」へと批判をエスカレートさせたのはなぜか》

神原元弁護士（以下、神原と略）　主尋問で出てきた点について1点だけお尋ねしたいのですが、あなたは1992年の週刊文春でやはり植村さんのことを批判していますよね。1992年、これが最初ですね。

西岡　1992年に週刊文春では批判していない。

神原　失礼、月刊文春。

西岡　はい。

神原　そこでは、あなたは植村さんの記事には重大な事実誤認があったと、そういう批判していますね。

西岡　先ほど言ったとおりです。

神原　ところが、いつの間にかそれが捏造というふうにエスカレートしたということですね。

西岡　うん。

神原　表現を捏造というふうに変えたんでしょう。

西岡　そうです。

神原　最近では捏造、捏造といっぱい言っていますね。

西岡　はい。

神原　先ほどの主尋問の最後の部分を聞くと同じ意味なんですか。重大な事実誤認という意味で捏造って言葉を……。

西岡　重大な事実誤認で間違えるはずもないことだということはほぼ同じ意味と言いました。それは、そういうふうに思っていますけれども、だから私の……。

神原　重大な事実誤認というのと捏造というのは……。

《喜田村が異議を発し、裁判長が同調する》

喜田村　だけじゃないです。2つ言っているんだから、引用するんだったらば重大な事実誤認と誤りようもないはずだと、その2つを……。

神原　わかりました。誤りのない……。

原克也裁判長　質問もう一回やってください。

神原　わかりました。誤りようのない重大な事実誤認というのと、それから捏造というの同じ意味だ……。

西岡　先ほどほぼ同じ……。

神原　というふうに使っているという……。

西岡　ほぼ同じ意味だと言いました。しかし、先ほど申し上げたのは最初は捏造という言葉を使わなかったのは、反論があるかもしれない、私も全ての資料を見ていないからということを含めて、なので証言《ママ》を変えたのは事実です。《「証言」は「表現」の誤記と思われる》

神原　捏造というのは、意図的な嘘をつくことなんじゃないんですか。

西岡　だから、間違いようのないことを書くというのが意図的な嘘をつくこととほぼ同じ意味だと私は理解しています。

神原　故意があった、そういうことなんですね。意図的にわざと嘘を植村さんが記事に書いたと、そういうことをあなたは一貫して主張しているということでいいですね。

西岡　私は、先ほどから言ったとおり、あなた今一貫していないと言っているんだけど、最初は捏造という表現を変えたから、一貫していないって今おっしゃいましたけど。私は書くべき事実を書かないで、本人が言っていなかったことを追加して書いた、そして利害関係者であったということが捏造だと……。

神原　だって、間違えて事実と違うことを書いちゃうのが事実誤認ですよね。

西岡　ええ。

神原　意図的に嘘を書くと、これは故意があるという意味ですよね。

西岡　先ほど申し上げているとおりです。先ほど喜田村先生のやりとり以外のことでお答えするつもりありません。

神原　植村さんは、意図的に嘘を書いたというふうに今でも思っておられるんですか。

西岡　捏造記事を書いたというふうに思っています。

神原　あなたが言っている捏造というのは、意図的な嘘をつくということでしょう。違うんですか。

西岡　間違いようもないことをやったということですから、意図的に、だから先ほど言っている以上のこと申し上げられませんので、私の陳述書と、それからあと先ほどのやりとりを見てください。

神原　あなたは、「よくわかる慰安婦問題」というところにこういうことを書いていますよね。「植村記者の捏造は、自分が特ダネをとるために嘘をついただけではなく、義理のお母さんの起こした裁判を有利にするために紙面を使って意図的な嘘を書いたということだから、悪質の度合いも2倍だと思う」と、そういう意味ですよね。

西岡　だから、そこに書いてあるということはそのとおりです。

神原　だから、あなたが書いているほかで捏造、捏造っていっぱい書いていますけど、ここで言っている捏造というのは意図的な嘘をつくと、そういう意味で書いているということでいいですね。

西岡　そこの文章、そう書いてあることは事実認めますけど、今申し上げたように私の今……。

神原　だって、あなた一貫して同じだと言っているんでしょう。

西岡　一貫していないじゃないですか。

神原　じゃなくて、あなたは1992年から一貫して同じこと言っているというのがあなたの御主張でしょう。

西岡　そうです。

神原　その一部をとるとここで言っている捏造というのは、紙面を使って意図的な嘘を書くと、これは捏造だって書いているんでしょう。

西岡　そこに書いてあることは……。

神原　だったら一貫して同じ意味だって、そうなるじゃないですか。

西岡　じゃ、そういうふうにとってくださって結構です。それは、私は先ほど申し上げたとおりのこと以外ここで申し上げるつもりはありません。

神原　一般の読者はそう思うんじゃないですか。

西岡　私は、先ほど申し上げたとおりのこと以外申し上げるつもりありません。

神原　あなたの文章を読んで一般の読者はこの捏造というのを、まさにあなたが文章で書いているとおり、意図的な嘘をつくと、そういう意味にとるんじゃないんですか。

西岡　それについて、それぞれ読者はいろんなことを考えるでしょうけど、私が今答える立場じゃありません。

《西岡は「捏造」という言葉にどういう意味をこめたのだろうか。「捏造とは、誤りようのない事実誤認のことを意味する。だから私は一貫している」という苦し紛れの説明は自己矛盾すら感じさせる。「捏造」という決めつけは、ジャーナリストの世界からの退場命令に等しいレッドカードを意味し、社会的には私刑、リンチともいうべき重大な人権侵害、名誉毀損なのである。その言葉の重さについて、西岡は最後まで語ろうとしなかった。自らの「捏造」の罪深さを法廷で思い知ったからだろうか。反対尋問は予定の60分をきっちりと使い果たして終了した》

6　「真実」は不問にされ、「事実」は置き去りにされた
――しかし、「植村記事は捏造」を判決は認めていない

長谷川　綾

２０１８年11月9日午後3時半すぎ、札幌地裁最大の８０５号法廷。植村隆が、櫻井よしこと「週刊新潮」、「週刊ダイヤモンド」、「Ｗ i Ｌ Ｌ」の発行元3社に計１６５０万円の損害賠償と謝罪広告などを求めた訴訟の判決が言い渡された。「原告の請求をいずれも棄却する。訴訟費用は原告の負担とする」。岡山忠広裁判長は硬い表情で、判決要旨を10分ほど述べて閉廷。ほとんどが植村の支援者で占められた80ある傍聴席は、落胆の空気に包まれた。

だが、札幌地裁判決は、「植村が記事を捏造した」という櫻井の主張を認定してはいない。逆に、櫻井が繰り返し記事で主張してきた「金学順が継父（義父）によって人身売買され慰安婦にさせられた」という「人身売買説」について、「真実であると認めることは困難である」と退けている。櫻井が強制連行否定と植村捏造の根拠にしてきた「人身売買説」が真実と判示されなかった意味は大きい。

それでも、植村の請求を棄却したのは、植村の社会的評価を損なう表現があるけれども、櫻井には植村が捏造したと信じてもやむを得ない理由、すなわち「真実相当性」があると認め免責したからだ。

裁判の争点

判決の組み立てはおおむねこうだ。まず、櫻井の記事が植村の名誉を毀損し、社会的評価を低下させたか

どうか。植村側が名誉毀損であると主張した部分は、２０１４年の「Ｗｉｌｌ」４月号、「週刊新潮」４月17日号、10月23日号、「週刊ダイヤモンド」９月13日号、10月18日号、10月25日号の３誌の記事６本であわせて14カ所ある（末尾に資料）。筆者が数えたところ、櫻井は朝日新聞批判に「捏造」という表現を21回使い、うち15回が植村に対してだった。

植村側は、櫻井が「捏造」を多用していることを重視した。「捏造」とは「事実でないことを事実のようにこしらえること」（『広辞苑　第６版』）、「本当はない事を、事実であるかのようにつくり上げること。でっち上げ」（『新明解国語辞典　第７版』）を意味し、ジャーナリストにとっては致命的な評価だ、と主張した。櫻井側は「記事の内容を評価したに過ぎない」などと抗弁したが、判決は「捏造」の一般的な意味が「ないことをあるかのように偽って作り上げること」であると認定。「ジャーナリストである原告が、その職業倫理に反して、意図的に虚偽の事実を報道した印象を与える」と植村の主張を認めた。

では、次にその社会的評価を低下させる表現が、許されるか許されないか、つまり、言論表現の自由で免責されるかどうか。表現が「事実の摘示」か「意見ないし論評」かによって、免責のされやすさに差が出る。その表現が事実を示す「事実の摘示」なら、その事実が真実であること（真実性）か、事実の重要な部分が真実であると信じても仕方がない相当な理由があること（真実相当性）を、被告側が立証しなければ免責されない。これに対し、「意見ないし論評」の場合は、判例上、意見には意見で対抗すべきで、人身攻撃に及ぶなど意見、論評の域を逸脱しない限り、表現の自由を広く認める発想から、免責されることが多い。

この裁判でも、植村側は、櫻井の表現のほとんどが「事実の摘示」であると主張したのに対し、櫻井側は「捏造」は「意見ないし論評」であると抗弁していた。

「捏造」は「事実の摘示」、でも「真実性」検討せず

判決は名誉毀損で争われた14カ所のうち、「ＷｉＬＬ」14年4月号の〈氏の捏造記事を、朝日新聞は訂正もせずに大々的に紙面化した〉〈植村記者の捏造は、朝日新聞の記事や社説によって事実として位置づけられ、広がっていった〉、「週刊ダイヤモンド」14年9月13日号の〈若い少女たちが強制連行されたという報告の基になったのが「朝日新聞」の植村隆記者（すでに退社）の捏造記事である。植村氏は慰安婦とは無関係の女子挺身隊という勤労奉仕の少女たちと慰安婦を結び付けて報じた人物だ〉、「週刊新潮」14年10月23日号の〈この女性、金学順氏は女子挺身隊の一員ではなく、貧しさゆえに親に売られた気の毒な女性である。にも拘らず、植村氏は金氏が女子挺身隊として連行された女性たちの中の生き残りの一人だと書いた。一人の女性の人生話として書いたこの記事は、挺身隊と慰安婦は同じだったか否かという一般論次元の問題ではなく、明確な捏造記事である〉などの記述を、「事実の摘示」であると認めた。

だが、この「事実の摘示」の枠組みでも、植村の請求は全面的に退けられた。主たる原因は、植村が捏造したかどうかの「真実性」が全く検討されていないことと、「真実相当性」の検討対象が、植村の捏造を櫻井が信じた「相当性」ではなく、櫻井が記事を書く前提にした人身売買説などを信じた「相当性」にずれていることだ。櫻井側は、植村が捏造した「真実性」を直接示す証拠を一つも出せていないのに対し、判決は人身売買説のように「真実であると認めるのは困難」とさえ判示していない。「相当性」の検討対象がずれた結果、どんな資料に当たり、どんな取材をして「植村が事実ではないと知りながら、あえて嘘を書いた」と信じるに至り、植村の「捏造」を「事実」として摘示したのか、櫻井による「取材」の中身の検証が雑になっている。

判決は、植村があえて虚偽の記事を書いた、つまり捏造した、と櫻井が信じてもやむを得ない「真実相当性」があると認めた。その理由は、次の4つである。

①金学順が継父に人身売買され慰安婦になった経緯を、植村が知りながら書かなかったと、櫻井が信じたのはやむを得なかった。
②慰安婦と無関係の女子挺身隊とを結びつけ、金学順が「女子挺身隊」の名で日本軍によって強制連行されたと植村が報じたと、櫻井が信じたのはやむを得なかった。
③植村の妻の母親が、韓国の太平洋戦争犠牲者遺族会の常任理事である。
④植村が記事を書いた数カ月後に、遺族会会員の金学順が対日賠償請求訴訟を起こした。

慰安婦の強制性を否定する「植村捏造説」の根幹に関わる①をどう導き出したかみてみよう。判決は、
（1）櫻井が人身売買を信じた。
（2）櫻井が人身売買であると信じたのはやむを得なかった。
（3）植村が意図的に人身売買を報じなかったと、櫻井が信じたのはやむを得なかった。
の順で認定した。

この前段で、先に述べたように櫻井が「ＷiＬＬ」などで書いている「継父によって人身売買され慰安婦にさせられた」ことは、「真実であると認めることは困難である」として、櫻井の「人身売買説」の真実性を否定した。理由としては、植村が聞いた金学順の証言テープや当時の取材メモなどがないこと、また、札幌訴訟で唯一証人尋問に立った北海道新聞の元ソウル特派員喜多義憲による単独インタビュー記事、日韓の新聞、雑誌の報道、１９９４年に東京地裁で行われた対日訴訟の本人尋問で金学順が述べたこと（慰安婦にされた経緯）が「必ずしも一致しない」ことをあげている。

ところが判決は、人身売買で慰安婦にされたかどうかは分からないとしながら、（1）をあっさり認定した。その理由として、金学順の証言テープは残っていないが、植村が記事で「だまされて慰安婦にされた」と書いたことから、テープでもそう語ったと「推認される」とし、金学順の名乗り出記者会見を伝えるハン

ギョレ新聞、金学順の対日訴訟の訴状、ジャーナリスト臼杵敬子による「月刊宝石」92年2月号の金学順の証言記事の3点を読んだ櫻井が「金学順氏をだまして慰安婦にしたのは検番の継父、すなわち血のつながりのない男親であり、検番の継父は金学順氏を慰安婦にすることにより日本軍人から金銭を得ようとしていたことをもって人身売買であると信じた」と認めた。さらに、「ハンギョレ新聞以外の共同記者会見の内容を報じる報道にも、養父又は養父が関与し、営利目的で金学順氏を慰安婦にしたことを示唆するものがある」として、（2）の「真実相当性」を認めた。

（1）（2）の認定には無理がある。なぜなら、先に本書3「櫻井よしこが世界に広げた『虚構』」は崩れた」で詳述したように、ハンギョレ新聞にも、「月刊宝石」にも、親に売られたと読める部分はあるが、親に売られて慰安婦になったと読める記述はどこにもない。むしろ日本軍に強制的に連行され慰安婦にされた、としか読めない。さらに、金学順の訴状には、親に売られたと読める部分さえない。だから、判決でハンギョレ新聞に「養父又は養父が関与し、営利目的で金学順氏を慰安婦にしたことを示唆するものがある」と書いてあるのは、一般人の通常の読み方では裁判所による誤読であると言われても仕方がない。

また、地裁の認定は、金学順が日本軍に強制的に慰安婦にさせられたと報じた大多数の新聞記事の証拠提出を無視している。共同記者会見を伝える91年8月15日付の東亜日報も京郷新聞も、養父、義父が慰安婦にしたのではなく、日本軍が強制的に慰安婦にしたと読める。唯一、韓国各紙から1日遅れで金学順の名乗り出会見を報じた朝鮮日報91年8月16日付に「中国中部地方の鉄壁鎮という場所に、わけも分からず売られて行きました」という記述があるだけだ。

（2）から（3）への展開は、さらに苦しいものになった。証言テープで「だまされて慰安婦にされた」と語ったであろうという「推認」と、ハンギョレ新聞、訴状、「月刊宝石」などを見たことを理由に、（3）を導き出している。つまり、（1）「櫻井が人身売買と信じた」、（2）「櫻井が人身売買であると信じたのはや

2018年11月9日札幌地裁前にて　撮影＝高波淳

むを得なかった」と同じ材料で、（3）の「植村が意図的に人身売買を報じなかったと、櫻井が信じたのはやむを得なかった」を認定した。これが論理の飛躍でなくて何であろう。植村が意図的に報じなかったかどうかは、本人の意図を確認しなければわからない。しかし櫻井はテープの内容を想像しただけで、植村本人にも取材せず、「捏造」と断定する記事を書いたことになる。

さらに、植村が「あえて」事実と異なる記事を書いた、と櫻井が信じた「相当性」では、①②に加え、③の「義母が韓国の遺族会幹部である」と④の「植村が記事を書いた数カ月後に、遺族会会員の金学順が対日訴訟を起こした」の姻戚関係だけを拠り所にしている。「真実相当性」の認定としては、苦しい理屈だ。

甘い事実認定も散見される。

たとえば「真実相当性」の認定は名誉毀損が行われた時、つまり櫻井が記事を書いた時点（２０１４年）を判断基準とする。だが判決は、植村が記事を書いた当時（１９９１年）のハンギョレ新聞、「月刊宝石」、訴状を根拠に真実相当性を認め、２０１４年までに新たにわかった慰安婦研究の成果や報道を考慮していない。

櫻井が、「Ｗ・ｉＬＬ」で植村が記事を捏造した根拠として紹介した〈訴状には、十四歳のとき、継父によって四十円で売られたこと、三年後、十七歳のとき、再び継父によって北支の鉄壁鎭という所に連れて行かれて慰安婦にさせられた経緯などが書かれている〉という、訴状に全く記載のない「間違い」を重ねた櫻井の取材不足についての認定もゆるい。人身売買説をとる慰安婦否定派の「ストーリー」を根拠づける中心部分だが、「訴状の援用に正確性に欠ける点があるとしても、（人身売買説を櫻井が）真実であると信じたことについて相当性を欠くとはいえない」とした。

西岡の主張をなぞり、間違いもコピーした櫻井の記事

植村の請求を全面的に棄却した地裁判決であっても、「植村が記事を捏造した」ことまでは認定できなかった、ともいえる。これは、唯一の証人として採用された喜多義憲の証言が大きいだろう。喜多は、植村が金学順の証言テープの内容を報じた3日後の１９９１年8月14日、金に単独インタビューをし、翌15日の北海道新聞で、植村とほとんど同じ内容の記事を書いた。喜多が２０１８年2月16日の証人尋問で「片方は捏造したと言われ、私は不問に付されている」と述べたように、当時は一般的だった記事の表現を、植村だけ「捏造」と認定することは不可能だ。

もう一つは、植村弁護団の調査だ。櫻井の97冊の著作や新聞、テレビ番組の発言を調べた結果、櫻井が、植村の記事を「捏造」と主張を始めたのは２０１４年で、その主張は西岡力・東京基督教大教授（当時）の主張をなぞったものであること、訴状の引用など基本的な間違いまで酷似していること、などが明らかになり、櫻井は訂正に追い込まれた。

櫻井の「訴状に40円」の間違いは、「ＷｉＬＬ」14年4月号（2月26日発売）、産経新聞3月3日付、「ＢＳフジＬＩＶＥ　プライムニュース」（8月5日放送）、読売テレビ「たかじんのそこまで言って委員会」（9月21日放送）、月刊「正論」11月号、『日本人に生まれて良かった』（15年2月6日初版、悟空出版）と少なくとも計6メディアもあることが分かった。櫻井は、「ＷｉＬＬ」、産経新聞の間違いについて、16年4月22日の第1回口頭弁論で植村に指摘され、直後の記者会見で「訴状に書かれていなかったことについては率直に改めたい」と述べた。しかし訂正までには2年を要した。「ＷｉＬＬ」は18年7月号（5月26日発売）

で、産経新聞は17年9月1日、植村から東京簡裁で訂正要求の調停申し立てを受け、18年6月4日付でようやく応じた。

櫻井の植村批判の源流も明らかになった。櫻井が最初に植村の名前をあげたのは、「週刊新潮」1998年4月9日号の「日本の危機」連載7回目、「朝日新聞『人権報道』に疑義あり」の記事だ。「訂正されない『誤報』」と題した中見出しの項で、こう書いた。

〈慰安婦問題についても、朝日は当初、「女子挺身隊」が「慰安婦」と直結するかのように報道し、日韓の世論に大きな誤解を植えつける誤りを犯した。九一年八月十一日付ソウル発の植村隆記者の記事（大阪版）は〈女子挺身隊の名で戦場に連行され日本軍人相手に売春行為を強いられた〉と書き出している。女子挺身隊制度は国家総動員法に基き女性を軍需工場等に動員した強制力のある公的制度で、慰安婦とは直接には結びつかない。だが、同記者の報告で本来別物の両要素が結びつけられ、日本がいわれなき非難までをも浴びる理由になったのは周知のとおりだ。（中略）両者を混同して報じた植村記者の記事、九二年一月十一日の一面の誤った解説は今日まで訂正されていないのだ。尚、植村夫人は、日本政府を訴えた韓国の「太平洋戦争犠牲者遺族会」の幹部（当時）の娘である。「基本的な誤りを正さないことも含めて、義理の親の裁判を有利にするための記事と言われても弁明出来ない」と、韓国朝鮮問題にくわしい西岡力氏は述べている。〉

ここには、櫻井が根幹にしている「朝日新聞が、慰安婦と無関係の、国家総動員法に基づく女子挺身隊を結びつけ、日本が強制連行したような記事を書いて、国際的な批判をあびるきっかけをつくった」という、今に続く「ストーリー」が読み取れる。だが、植村の記事については、「誤り」「混同」という間違いを指摘する表現で、「捏造」という記述はない。櫻井はこの記事を収録した『日本の危機』（新潮社、98年8月30日初版）を出版。同じ年に菊池寛賞を受賞した。

櫻井はこの後、16年もたった2014年3月3日付産経新聞1面コラムで突然、植村への「捏造」批判を開始。15年2月10日に名誉毀損で訴えられた後、ぱたりと植村「捏造」記述をやめた。櫻井が14年に植村「捏造」批判を始めた理由を、判決では「安倍政権が慰安婦問題に関する『河野談話』を見直すのではないかとの情勢を受けて、朝日新聞等が報じる慰安婦の報道を見直すべきであると考え」たと認定している。

あまりにも杜撰な櫻井の取材ぶり

今回、札幌地裁の判決は植村の請求を棄却したが、12回の口頭弁論では、一人の記者を「捏造」と断じるにはあまりに杜撰な、櫻井の取材ぶりが明らかになった。櫻井は弁論や記者会見で、植村本人に1回も取材せず、金学順を含めた元慰安婦に1回も会ったことがない、と認めた。金学順の対日賠償請求訴訟の訴状に一言も書いていない「40円で親に売られた」という記述がある、と繰り返し間違え、親に売られて慰安婦になったことを裏付ける資料として証拠提出したハンギョレ新聞、「月刊宝石」には、むしろ日本軍に強制的に慰安婦にさせられた記述しかなかった。

資料をつまみ食いし、細部の齟齬で全体を否定する。その手法は、映画「否定と肯定」で、ガス室はなかったと主張するホロコースト否定派の英国人歴史学者アーヴィングを思い出させた。彼に名誉毀損で訴えられ勝訴した米国人ホロコースト研究者リップシュタットの著書によると、アーヴィングは裁判で、30近い歴史の歪曲を指摘されたが、それらは「たまたまミスしただけ」とは考えられない、という。なぜなら、すべてが同じ方向、ヒトラーを弁護し、ホロコーストを否定する方向を示しているからだ。

櫻井の数々の間違いも、すべて日本軍による慰安婦の強制性を否定するものばかりだ。彼女の間違いは、名誉毀損裁判の本筋ではないため、今回の判決に直接は反映されてはいない。しかし、櫻井の「植村捏造説」の根幹は、この法廷で崩れ去った。事実と真摯に向き合い、取材を尽くして真実を追求すべき「ジャーナリスト」としての櫻井の評価とともに。

資料　植村隆が櫻井よしこを名誉棄損で訴えた記述（訴状より）

▼「ＷｉＬＬ」２０１４年４月号「朝日は日本の進路を誤らせる」

①過去、現在、未来にわたって日本国と日本人の名誉を著しく傷つける彼らの宣伝はしかし、日本人による「従軍慰安婦」捏造記事がそもそもの出発点となっている。日本を怨み、憎んでいるかのような、日本人によるその捏造記事はどんなものだったのか。朝日は九一年八月十一日、大阪朝日の社会面一面に「思い出すといまも涙　元朝鮮人従軍慰安婦を韓国の団体聞き取り」の見出しで報じた。植村隆氏の署名入り記事である。

②植村記者が、真実を隠して捏造記事を報じたのは、義母の訴訟を支援する目的だったと言われても弁明できないであろう。

③氏の捏造記事を、朝日新聞は訂正もせずに大々的に紙面化した。

④植村記者の捏造は、朝日新聞の記事や社説によって事実として位置づけられ、広がっていった。

⑤改めて疑問に思う。こんな人物に、はたして学生に教える資格があるのか、と。一体、誰がこんな人物の授業を受けたいだろうか。教職というのはその人物の人格、識見、誠実さを以て全力で当たるべきものだ。植村氏は人に教えるより前に、まず自らの捏造について説明する責任があるだろう。

▼「週刊新潮」２０１４年４月17日号　連載コラム「中韓国民感情を煽る朝日の世論調査」

⑥意図的な虚偽報道（中見出し）

⑦氏は韓国の女子挺身隊と慰安婦を結びつけ、日本が強制連行したとの内容で報じたが、挺身隊は勤労奉仕の若い女性たちのことで慰安婦とは無関係だ。植村氏は韓国語を操り、妻が韓国人だ。その母親は、慰安婦問題で日本政府を相手どって訴訟を起こした「太平洋戦争犠牲者遺族会」の幹部である。植村氏の「誤報」は単なる誤報ではなく、意図的な虚偽報道と言われても仕方がないだろう。

▼「週刊ダイヤモンド」２０１４年９月13日号　連載コラム「国連から法的責任を問われる前に　河野談話の取り消しが最重要課題」

⑧若い少女たちが強制連行されたという報告の基になったのが「朝日新聞」の植村隆記者（すでに退社）の捏造記

事である。植村氏は慰安婦とは無関係の女子挺身隊という勤労奉仕の少女たちと慰安婦を結び付けて報じた人物だ。

▼「週刊ダイヤモンド」2014年10月18日号　連載コラム「言論弾圧の脅迫には強く抗議でも　許されない朝日と元記者の責任逃れ」

⑨ならば捏造かと考えるのは当然である。植村氏が捏造ではないと言うのなら、証拠となるテープを出せばよい。そうでもしない限り、捏造だと言われても仕方がない。

▼「週刊新潮」2014年10月23日号　連載コラム「朝日は脅迫も自己防衛に使うのか」

⑩植村氏は北星学園大の人格教育にどのように貢献すると考えるか、と。23年前、女子挺身隊と慰安婦を結びつける虚偽の記事を書いた植村氏は、10月14日の今日まで、自身の捏造記事について説明したという話は聞こえてこない。

⑪23年間、捏造報道の訂正も説明もせず頰被りを続ける元記者を教壇に立たせ学生に教えさせることが、一体、大学教育のあるべき姿なのか。

⑫しかし、植村氏の捏造報道と学問の自由、表現の自由は異質の問題である。

⑬この女性、金学順氏は女子挺身隊の一員ではなく、貧しさゆえに親に売られた気の毒な女性である。にも拘らず、植村氏は金氏が女子挺身隊として連行された女性たちの中の生き残りの一人だと書いた。一人の女性の人生話として書いたこの記事は、挺身隊と慰安婦は同じだったか否かという一般論次元の問題ではなく、明確な捏造記事である。

▼「週刊ダイヤモンド」2014年10月25日号　連載コラム「『産経』VS『朴政権』の本質は　日本VS朝鮮半島プラス中国」

⑭慰安婦と女子挺身隊を一体のものとして捏造記事を物した植村隆・朝日新聞元記者

注＝「週刊新潮」「週刊ダイヤモンド」のコラムは、櫻井のオフィシャルサイトにも転載され、裁判の対象になった

7　植村裁判札幌訴訟判決　判決要旨（2018年11月9日）

《裁判所が作成した「判決要旨」を収録。「事件の表示」「裁判所の表示」「当事者の表示」は略。横書きを縦書きに変えたほかは、表記、書式とも原本通り》

判決要旨

主文

1　原告の請求をいずれも棄却する

2　訴訟費用は原告の負担とする

事案の概要

被告櫻井は、被告ワック社が発行する雑誌「ＷｉＬＬ」、被告新潮社が発行する「週刊新潮」、被告ダイヤモンド社が発行する「週刊ダイヤモンド」に、原告が朝日新聞社の記者として「従軍慰安婦」に関する記事を執筆して平成3年8月11日の朝日新聞に掲載した記事（「思い出すと今も涙　韓国の団体聞き取り」というタイトルの記事。以下「本件記事」という。）について「捏造である」などと記載する論文（以下「本件各櫻井論文」という。）を掲載するとともに、自らが開設するウェブサイトに上記各論文のうち複数の論文を転載して掲載している。

本件は、原告が、本件各櫻井論文が原告の社会的評価を低下させ、原告の名誉感情や人格的利益を侵害するものであると主張して、被告櫻井に対してウェブサイトに転載して掲載している論文の削除を求めたほか、被告らに対して謝罪広告の掲載や慰謝料等（各被告ごとに５５０万円）の支払を求めた事案である。

当裁判所の判断

1　社会的評価を低下させる事実の摘示、意見ないし論評の表明

本件各櫻井論文を、一般読者の普通の注意と読み方を基準として解釈した意味内容に従って判断すれば、本件各櫻井論文のうちワック社の出版する「ＷｉＬＬ」に掲載されたものには、①原告が、金学順氏が継父によって人身売買され、慰安婦にさせられたという経緯を知りながらこれを報じず、②慰安婦とは何の関係もない女子挺身隊とを結びつけ、金学順氏が「女子挺身隊」の名で日本軍によって戦場に強制連行され、日本軍人相手に売春行為を強いられた「朝鮮人従軍慰安婦」であるとする、③事実と異なる本件記事を敢えて執筆したという事実が摘示されており、被告新潮社の出版する「週刊新潮」及びダイヤモンド社が出版する「週刊ダイヤモンド」に掲載されたものにも、これと類似する事実の摘示があると認められるものがある。そして、このような事実の摘示をはじめとして、本件各櫻井論文には、原告の社会的評価を低下させる事実の摘示や意見ないし論評がある。

2　判断枠組

事実を摘示しての名誉毀損にあっては、その行為が公共の利害に関する事実に係り、かつ、その目的が専ら公益を図ることにあった場合に、摘示された事実がその重要な部分について真実であることの証明があったときには、上記行為には違法性がなく、仮に上記証明がないときにも、行為者において上記事実の重要な部分を真実と信ずるについて相当の理由があれば、その故意又は過失は否定される。また、ある事実を基礎としての意見ないし論評の表明による名誉毀損にあっては、その行為が公共の利害に関する事実に係り、か

つ、その目的が専ら公益を図ることにあった場合に、上記意見ないし論評の前提としている事実が重要な部分について真実であることの証明があったときには、人身攻撃に及ぶなど意見ないし論評としての域を逸脱したものでない限り、上記行為は違法性を欠くものというべきであり、仮に上記証明がないときにも、行為者において上記事実の重要な部分を真実と信ずるについて相当の理由があれば、その故意又は過失は否定される。

3　摘示事実及び意見ないし論評の前提事実の真実性又は真実相当性

(1)金学順氏が挺対協の事務所で当時語ったとされる録音テープや原告の取材内容が全て廃棄されていることから、金学順氏が慰安婦にさせられるまでの経緯に関して挺対協でどのように語っていたのかは明らかでない。また、金学順氏が共同記者会見に応じた際に述べたことを報じた韓国の報道のなかには、養父又は義父が関与し、営利を目的として金学順氏を慰安婦にしたことを示唆するものがあるが、慰安婦とされる経緯に関する金学順氏の供述内容には変遷があることからすると、上記1①の事実のうち金学順氏が慰安婦とされるに至った経緯に関する部分が真実であるとは認めることは困難である。しかし、本件記事には「だまされて慰安婦にされた」との部分があることや、被告櫻井が取材の過程で目にした資料（金学順氏が平成3年8月14日に共同記者会見に応じた際の韓国の新聞報道、後に金学順氏を含めた団体が日本国政府を相手に訴えた際の訴状、金学順氏を取材した内容をまとめた臼杵氏執筆の論文）の記載などを踏まえて、被告櫻井は、金学順氏が継父によって人身売買された女性であると信じたものと認められる。これらの資料は、金学順氏の共同記者会見を報じるもの、訴訟代理人弁護士によって聴き取られたもの、金学順氏と面談した結果を論文にしたものであるところ、金学順氏が慰安婦であったとして名乗り出た直後に自身の体験を率直に述べたと考えられる共同記者会見の内容を報じるハンギョレ新聞以外の報道にも、養父又は義父が関与し、営利目的で金学順氏を慰安婦にしたことを示唆するものがあることからすると、一定の信用を置くことができるものと認められるから、被告櫻井が上記のように信じたことには相当の理由があるということができる。また、これらの資料から、被告櫻井が、金学順氏が挺対協の聞き取りにおける録音で「検番の継父」にだまされて慰安婦にさせられたと語っており、原告がその録音を聞いて金学順氏が慰安婦にさせられた経緯を知りながら、本件記事においては金学順氏をだました主体や「継父」によって慰安婦にさせられるまでの経緯を記載せず、この事実を報じなかったと信じたことについて相当な理由があるといえる。

また、上記1②の事実については、本件記事のリード文に「日中戦争や第二次大戦の際、「女子挺（てい）身隊」の名で戦場に連行され、日本軍人相手に売春行為を強いられた「朝鮮人従軍慰安婦」のうち、一人がソウル市内で生存していることがわかり（以下略）」との記載があるが、原告本人の供述によれば、金学順氏は、本件記事の取材源たる金学順氏の供述が録音されたテープの中で、自身が女子挺身隊の名で戦場に連行されたと述べていなかったと認められる。このことに加えて、本件記事が掲載された朝日新聞が、本件記事が執筆されるまでの間に、朝鮮人女性を狩り出し、女子挺身隊の名で戦場に送り出すことに関与したとする者の供述を繰り返し掲載し、本件記事が報じられた当時の他の報道機関も、女子挺身隊の名の下に朝鮮人女性たちが、多数、強制的に戦場に送り込まれ、慰安婦とされたとの報道をしていたという事情を踏まえると、これらの報道に接していた被告櫻井が、本件記事のリード部分にある「「女子挺（てい）身隊」の名で戦場に連行され」との部分について、金学順氏が第二次世界大戦下における女子挺身隊勤労令で規定された「女子挺身隊」として強制的に動員され慰安婦とされた女性であることが記載されていると理解しても、そのことは、一般読者の普通の注意と読み方を基準として解釈しても不自然なものではないし、女子挺身勤労令で規定するところの女子挺身隊と慰安婦は異なるものであることからすると、被告櫻井において本件記事が上記1②のような内容を報じるものであったと信じたことには相当の理由があるといえる。

そして、被告櫻井が、上記1①及び上記1②の事実があると信じたことについて相当の理由があることに加えて、原告の妻が、平成3年に日本政府を相手どって訴訟を起こした団体の常任理事を務めていた者の娘であり、金学順氏も本件記事が掲載された数か月後に同団体に加入し、その後上記訴訟に参加しているという事実を踏まえて、被告櫻井が、本件記事の公正さに疑問を持ち、金学順氏が「女子挺身隊」の名で連行されたのではなく検番の継父にだまされて慰安婦になったのに、原告が女子挺身勤労令で規定するところの「女子挺身隊」を結びつけて日本軍があたかも金学順氏を戦場に強制的に連行したとの事実と異なる本件記事を執筆した（上記1③の事実）と信じたとしても、そのことについては相当な理由がある。

(2)その他、本件各櫻井論文に摘示されている事実又は意見ないし論評の前提とされている事実のうち重要な部分については、いずれも真実であるか、被告櫻井において真実であると信ずるについて相当の理由があると認められ、意見ないし論評部分も、原告に対する人身攻撃に及ぶなど意見ないし論評の域を逸脱したものとは認め難い。

4　公共性、公益目的性

本件各櫻井論文の内容及びこれらの論文を記載し掲載された時期に鑑みれば、本件各櫻井論文主題は、慰安婦問題に関する朝日新聞の報道姿勢やこれに関する本件記事を執筆した原告を批判する点にあったと認められ、また、慰安婦問題が日韓関係の問題にとどまらず、国連やアメリカ議会等でも取り上げられるような国際的な問題となっていることに鑑みれば、本件各櫻井論文の記述は、公共の利害に関わるものであり、その執筆目的にも公益性が認められる。

5　結論

以上によれば、本件各櫻井論文の執筆及び掲載によって原告の社会的評価が低下したとしても、その違法性は阻却され、又は故意若しくは過失は否定されるというべきである。

植村裁判取材チーム＝執筆順

北野隆一（きたの・りゅういち）
1967年生まれ、90年朝日新聞社入社。新潟支局、西部本社社会部などを経て、東京本社編集委員（慰安婦問題や拉致問題、皇室などを担当）

水野孝昭（みずの・たかあき）
1958年生まれ、82年朝日新聞社入社。ハノイ、ワシントン特派員、大阪本社地域報道部兼社会部、外報部、企画報道室、政治部の各次長、ニューヨーク支局長、論説委員を経て退社。現在、神田外語大教授（国際関係論、メディア論）

佐藤和雄（さとう・かずお）
1957年生まれ、83年朝日新聞社入社、ニューヨーク特派員、大阪本社社会部、政治部の各次長（デスク）、紙面委員などをつとめ2008年退社。現在、鶴見大非常勤講師（ジャーナリズム論）

中町広志（なかまち・ひろし）
1944年生まれ、67年朝日新聞社入社。出版局編集委員、出版刊行部長などをつとめ2004年退社。現在、フリー

長谷川綾（はせがわ・あや）
1972年生まれ、97年北海道新聞社入社。根室支局、東京報道センターなどを経て、編集本部

慰安婦報道「捏造」の真実——検証・植村裁判

2018年12月5日　初版第1刷発行

編者————植村裁判取材チーム
発行者———平田　勝
発行————花伝社
発売————共栄書房
〒101-0065　東京都千代田区西神田2-5-11 出版輸送ビル2F
電話　03-3263-3813
FAX　03-3239-8272
E-mail　info@kadensha.net
URL　http://www.kadensha.net
振替　00140-6-59661
装幀————佐々木正見
印刷・製本——中央精版印刷株式会社

ISBN978-4-7634-0873-0 C0036